CONFECCIÓN DE MODA VOL.1
TÉCNICAS BÁSICAS

Connie Amaden-Crawford

GG moda

Título original: *Fashion Sewing. Introductory Techniques*.
Publicado originariamente por Fairchild Books, una división
editorial de Bloomsbury Publishing Plc

Diseño gráfico: Megan Trudell

Traducción de Belén Herrero
Revisión técnica: Fiona Capdevila
Diseño de la cubierta: Toni Cabré/Editorial Gustavo Gili, SL

Esta edición se publica por acuerdo con la editorial Bloomsbury
Publishing Plc

para la edición castellana:
© Editorial Gustavo Gili, SL, 2014

Printed in China
ISBN: 978-84-252-2724-0

Editorial Gustavo Gili, SL
Rosselló 87-89, 08029 Barcelona, España.
Tel. (+34) 93 322 81 61
Valle de Bravo 21, 53050 Naucalpan, México.
Tel. (+52) 55 55 60 60 11

PREFACIO

Confección de moda vol. 1. Técnicas básicas se ha
escrito para todos aquellos a quienes les interesa
la confección de prendas, ya sean principiantes
o expertos en la materia. Al aprender a coser es
importante comprender el proceso de montaje de
una prenda y cómo debe coserse cada parte.

Este texto fácil de leer se acompaña de
instrucciones e ilustraciones para confeccionar
prendas paso a paso, y sirve como guía tanto
para principiantes como para veteranos de la
costura, pues muestra las técnicas de nivel
básico e intermedio necesarias para confeccionar
prendas a partir de un patrón, así el lector puede
crear prendas de moda, sencillas o de una cierta
complejidad, con un acabado profesional.

En el primer capítulo del libro se explica cómo
organizar el taller de costura, y describe en líneas
generales los principales tipos de máquinas de
coser y de remallar, así como los materiales y
el equipo básico necesarios. El capítulo 2 es una
introducción a los textiles e incluye información
sobre las fibras y mezclas más innovadoras, así
como una sección dedicada a las fibras sostenibles.
El capítulo 3 resultará de especial interés para
quienes quieran confeccionar prendas no solo para
sí mismos, sino también para otras personas, ya
que ofrece información sobre cómo tomar medidas
y las tablas de medidas estándar para las tallas
comerciales. Las técnicas de ajuste de las prendas
que se describen en el capítulo 4 ilustran cómo
se prueban y adaptan las prendas en el sector de
la moda. Los capítulos 5 a 8 muestran técnicas
básicas de confección, desde los diversos tipos de
pespuntes y costuras hasta dobladillos y cierres.

Este texto es una excelente fuente de recursos
para quienes quieran profundizar en sus
conocimientos de confección en moda. Mis muchos
años de experiencia en estudios de diseño, salas
de producción y aulas de escuelas de moda me
han enseñado que los conocimientos sólidos y
competentes en materia de confección producen
buenos diseños, y espero sinceramente que las
habilidades adquiridas a través del estudio del
presente texto proporcionen al lector una sólida
base sobre la que cimentar sus éxitos en la
confección de moda.

||||||| ÍNDICE

ORGANIZACIÓN DEL TALLER

A la hora de poner en marcha nuestro taller, deberemos organizar con tiempo todo el material, asegurándonos de que funcione y de que esté listo para su uso. Un lugar agradable para coser debe estar bien iluminado: una iluminación de calidad es esencial para la sala de costura. La luz natural resulta ideal para este propósito, aunque también existen en el mercado multitud de lámparas de alta intensidad y de "luz de día".

La superficie de corte debe ser lo suficientemente amplia como para que quepa el diseño que se quiere cortar; asimismo, debe ser firme, para evitar que el tejido se mueva. La plancha y la tabla de planchar deben estar cerca de la máquina de coser. Un espejo de cuerpo entero es útil para comprobar el aspecto y el ajuste de las prendas.

Cada proyecto de costura requiere una serie de materiales de costura y artículos de mercería. Todos estos materiales y accesorios deben guardarse en lugares específicos, armarios especiales o contenedores que faciliten el acceso y el uso de los mismos. Los siguientes artículos y herramientas, que se analizarán detalladamente más adelante en el capítulo, deben estar presentes en la sala de costura:

- Máquina de coser
- Plancha y tabla de planchar
- Hilo
- Cinta métrica
- Agujas y alfileres
- Tijeras
- Tijeritas cortahílos
- Cúter circular (opcional)
- Vara de medir
- Artículos variados

CONSEJO DE COSTURA

Podemos utilizar una caja de zapatos o de galletas para guardar los útiles de costura. También puedes utilizar las cajas compartimentadas que venden en las ferreterías. Estas cajas las encontrarás en diversos tamaños y formas, con compartimentos que permiten guardar todos los útiles de costura en un lugar adecuado, portátil y fácil de preparar cada vez que tengamos que coser.

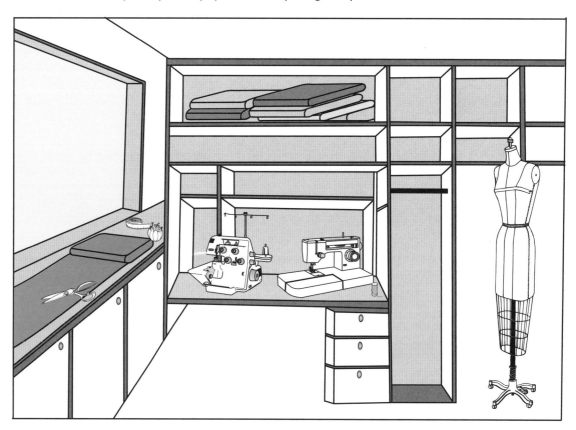

MÁQUINAS DE COSER

La máquina de coser utiliza una aguja y un gancho rotatorio para entrelazar dos hilos, por encima (hilo de la aguja) y por debajo (hilo de la canilla) del tejido, creando así un pespunte. Estos pespuntes pueden utilizarse para unir dos piezas de tejido, para rematar los cantos sin pulir de una costura o para decorar el tejido con un motivo específico. Los diferentes modelos de máquinas de coser presentan varias funciones de pespunte, tanto sencillo como múltiple.

La elección de la máquina de coser puede llegar a ser una tarea abrumadora, ya que en el mercado existen un sinfín de modelos, desde los más antiguos, con funciones básicas, hasta los de tecnología punta, con ordenador incorporado y un amplio repertorio de prestaciones. Debemos escoger la máquina más adecuada para el uso que pensemos darle. Así, quien se dedique a coser en casa con intenciones creativas necesitará una máquina que ofrezca multitud de pespuntes decorativos, mientras que un taller de producción escogerá máquinas con funciones de pespunte básicas y motores potentes que permitan alcanzar mayor velocidad a la hora de coser. Para ayudar al lector en su selección y simplificar el proceso de toma de decisiones, este capítulo presenta las características y aplicaciones básicas de los diferentes tipos de máquinas de coser. Siempre que sea posible, es recomendable probar algunas máquinas antes de tomar la decisión final.

CLASIFICACIÓN DE LAS MÁQUINAS DE COSER

Las máquinas de coser pueden dividirse en dos categorías: domésticas e industriales; en ambas podemos encontrar un amplio surtido de modelos. La diferencia entre ellas estriba en el uso al que se destinan. Las máquinas industriales están diseñadas para un uso prolongado y continuo a altas velocidades, es decir, para desempeñar tareas de costura repetitivas. Las máquinas domésticas operan a una velocidad de pespunteado mucho menor e incluyen multitud de funciones, ya que están pensadas como máquinas de coser polivalentes, adecuadas tanto para confeccionar como para arreglar prendas, hacer acolchados o realizar tareas artesanales.

LAS MÁQUINAS DE COSER DOMÉSTICAS

Una buena máquina de coser doméstica debe funcionar con suavidad, generando pespuntes pulcros y uniformes. Estas máquinas están diseñadas para ser versátiles y permitir que el usuario cambie de función de manera fácil y rápida. Las prestaciones de las máquinas de coser básicas suelen incluir el pespunte recto (hacia delante y hacia atrás), el pespunte en zigzag, la selección de la anchura y de la longitud de la puntada y una función para hacer ojales. Asimismo, las máquinas básicas suelen contar con prestaciones como el pespunte invisible (normal y elástico) para dobladillos.

El precio de los nuevos modelos de máquinas de coser varía mucho, pudiendo ir de los 73 a los 9.800 euros. El incremento de precio suele ir acompañado de una mayor complejidad y versatilidad. Las máquinas domésticas pueden ser mecánicas o estar informatizadas. Las máquinas mecánicas tienden a ser más económicas y menos versátiles, pero duran más. Las máquinas informatizadas son más versátiles, y más caras, y habitualmente cuentan con funciones que "asesoran" al usuario, ayudándole a seleccionar la combinación de pespunte y prensatelas más adecuada. En el pasado, todas las máquinas de coser utilizaban un tren de engranaje mecánico para transmitir la potencia desde el motor a las diversas partes de la máquina. En la actualidad, con modelos mecánicos e informatizados en el mercado, la selección de la configuración de los pespuntes se realiza mediante botones o pantallas táctiles. Las máquinas más caras suelen ofrecer un repertorio más amplio de prestaciones y pespuntes decorativos, y suelen ser más fáciles de usar.

También deben tenerse en cuenta los detalles relativos al motor. Las máquinas con motores de canillas en serie alimentados por corriente continua pueden calarse o no ejercer la suficiente potencia sobre la aguja cuando se cose a baja velocidad. Los servomotores o los motores paso a paso, que suelen encontrarse en las máquinas informatizadas o electrónicas, trabajan a la máxima potencia, incluso a las velocidades de pespunteado más lentas, lo que resulta muy ventajoso a la hora de trabajar con determinados tejidos. La elección de una máquina mecánica o informatizada suele depender del presupuesto del que se disponga y de la facilidad de manejo y la versatilidad que se busque. Quizás una máquina de segunda mano, adecuadamente revisada y puesta a punto (y a menudo disponible en las tiendas que venden máquinas nuevas), se ajuste mejor a nuestro presupuesto.

LAS MÁQUINAS DE COSER INDUSTRIALES

Todos los componentes de una máquina de coser industrial están diseñados para una confección eficiente de las prendas, lo que permite ahorrar tiempo y dinero. La máquina en sí misma, llamada cabezal, está configurada para realizar un pespunte específico en cada fase, al que se puede dar una longitud y una forma de puntada determinadas según la tarea. Asimismo, el cabezal suele contar con un sistema de bobinado que permite devanar canillas adicionales a medida que se cose. El cabezal está montado sobre una mesa que incluye un motor de embrague independiente, un pedal, un portaconos, un sistema de lubricación automático, un sistema de pedal neumático que permite subir la aguja de la máquina a voluntad del operario, y una palanca de elevación con la rodilla que permite levantar el prénsatelas, dejando las manos libres para manipular el tejido. Por regla general, las máquinas industriales suelen adaptarse a una única tarea (ya sea hacer pespuntes rectos o costuras especiales, hacer ojales, colocar cremalleras o coser al bies) y admiten configuraciones especiales en función de los diferentes materiales que se estén utilizando. En estas configuraciones variadas, a menudo se utilizan prensatelas diseñados para tareas específicas.

FUNCIONES BÁSICAS NECESARIAS PARA LA CONFECCIÓN DE MODA

(enumeradas por orden de importancia)
- Pespunte recto.
- Selección de la longitud y amplitud de la puntada.
- Posiciones variables de la aguja.
- Pespunte en zigzag y variantes del mismo.
- Ojales (sencillos y múltiples).
- Pespuntes funcionales: pespunte invisible para dobladillos, pespunte para pulido de bordes y pespunte elástico.

PRESTACIONES

Los avances tecnológicos en ingeniería confieren a la confección a máquina una eficiencia y una precisión cada vez mayores. Estas son algunas de las prestaciones más útiles de las máquinas de coser actuales:
- Enhebrado automático de la aguja; mediante un gancho, un dispositivo hace pasar el hilo a través del ojo de la aguja.

- Alzado automático del hilo de la canilla al insertar el canillero.
- Alzaprensatelas automático.
- Tensado automático del hilo.
- Selección automática del ancho de puntada para labores que requieren libertad de movimiento, como el bordado y el acolchado.
- Cortahílos automático para saltos de puntada, que remata la puntada y corta el hilo entre secciones de bordado de un mismo color.
- Atacado automático: empieza y acaba una costura con un atacado.
- Cortahílos: permite cortar el hilo automáticamente al final de la costura.
- Cámara de la aguja: pequeña cámara que permite ver la posición exacta de la aguja en un monitor.
- Control de velocidad: permite ajustar la máxima velocidad permitida.
- Memoria: permite almacenar configuraciones y combinaciones de puntadas para su uso posterior. A menudo se utiliza para realizar ojales idénticos o pespunteados decorativos.
- Control automático de posición de la aguja: configura la aguja para que, al detenerse, se sitúe automáticamente arriba o abajo, facilitando tareas como el pivotado de la prenda al final de la costura.
- Pespunteado multidireccional, que incluye el pespunteado lateral.
- Mayor capacidad de canilla.
- Sensores de aviso, que detectan si escasea o se ha agotado el hilo de la canilla.
- Sensores automáticos para el tamaño de los ojales.
- Asesor de pespuntes: ofrece sugerencias sobre los prensatelas más adecuados para cada función de pespunteado de la máquina.
- Bastidores de gran tamaño, situados hacia la derecha del prensatelas, indicados para el acolchado a máquina y los bordados de grandes dimensiones.
- Función personalizada de pespuntes decorativos para proyectos creativos, que incluye pespuntes geométricos, florales y de fantasía.
- Iluminación mejorada, mediante luces halógenas o LED, fuentes de luz de gran intensidad que emiten poco calor, iluminando áreas más extensas y consiguiendo así un mejor contraste y visualización del color.
- Pantallas táctiles interactivas.

Aunque algunas prestaciones, como el cortahílos automático, la palanca de elevación de la rodilla y el control de posición de la aguja contribuyen a una labor más eficiente, debemos ser conscientes de que, en ocasiones, las nuevas tecnologías pueden complicar el manejo de la máquina o requerir frecuentes reparaciones. En ocasiones, estas funciones resultan de ayuda para los principiantes, pero pueden convertirse en un estorbo para usuarios más experimentados que deseen controlar la alimentación del tejido, la posición de la aguja, el pespunteado reverso y otros detalles.

TIPOS DE MÁQUINAS DE COSER

Las máquinas de coser de tipo consola están diseñadas para fijarse a una mesa, creando una superficie amplia y plana para la costura, lo que resulta especialmente útil en el caso de proyectos de grandes dimensiones. Las máquinas portátiles pueden colocarse sobre cualquier mesa, son fáciles de transportar para asistir a clases y pueden almacenarse con facilidad. Además, suelen contar con una opción de "brazo libre" que algunos consideran muy útil. Las máquinas híbridas para coser/bordar suelen tener, al menos, dos extensiones de la placa base de la máquina, una para coser y otra para bordar.

Las máquinas de coser se presentan con dos diseños de canilla diferentes: las máquinas con canillero desmontable y las de carga superior. En el primer caso, la bobina se carga en el canillero que, a su vez, se acopla a la lanzadera, situada bajo la placa de la aguja. La canilla de carga superior simplemente se introduce en la lanzadera situada

Máquina de coser Bernina Activa 210, un modelo básico informatizado.

bajo la placa de la aguja, lo que facilita el cambio de canilla en las máquinas de consola. Ambos diseños son habituales y presentan ventajas y desventajas, por lo que la elección de cualquiera de ellos dependerá de las preferencias del usuario.

En la actualidad, muchas máquinas de coser domésticas se comercializan para estilos y tipos de costura específicos, aunque la mayoría cuentan con prestaciones variadas y multitud de funciones de pespunte.

Modelos básicos de máquinas de coser domésticas (entre 60 y 790 euros)

Diseñadas para remendar, hacer arreglos, labores de decoración del hogar y costura para principiantes y usuarios de nivel básico, suelen ser máquinas portátiles que ofrecen pespuntes básicos y funcionales. Esta categoría incluye tanto modelos mecánicos como informatizados; algunos cuentan con funciones de pespunteado decorativo y, en ocasiones, con enhebrado automático de la aguja. Las máquinas informatizadas pueden ser más económicas que una máquina completamente mecánica.

TABLA 1.1 Modelos básicos de máquinas de coser domésticas

MARCA	MODELO
Bernina	Serie Bernette, serie Activa, serie Classic, serie 2, serie 3
Brother	L14, LX17, LX25, XR27NT, XR37NT
Elna	Sew Fun, eXplore 220/240, eXplore 320/340
Husqvarna Viking	Emerald 116, Emerald 118
Janome	J3-24, 525S, 2522LE (My Style 22), CXL301, XL 601, FM725 Embellisher, Jem Platinum 760 Compact
Pfaff	Serie Hobby Line, serie Select Line
Singer	Serie Inspiration, serie Tradition, 1507, 2273, 2662, 8280

Máquinas para costura recreativa (de 240 a 2.500 euros)

Estas máquinas ofrecen múltiples opciones de pespunte, tanto funcionales como decorativos, a menudo personalizadas para diferentes facetas de la costura recreativa, como la confección de prendas, las labores de aguja artesanales, el acolchado, la decoración del hogar y las manualidades.

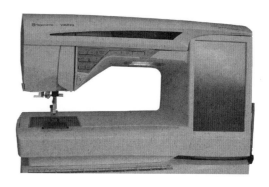

Modelo Designer Diamond de Viking.

TABLA 1.2 Máquinas para costura recreativa

MARCA	MODELO
Bernina	Serie 5
Brother	Serie Innovis
Elna	Serie eXperience
Husqvarna Viking	Serie Emerald, serie Tribute
Janome	DKS30, TXL607, 1600PQC
Pfaff	Smarter, serie Expression
Singer	Serie Confidence

Máquinas para alta costura y costura artística (de 600 a 9.800 euros)

Para artistas de la costura y practicantes avanzados de la confección de prendas, estas máquinas informatizadas ofrecen múltiples funciones de pespunte y una gran variedad de pespuntes decorativos. La mayoría de los modelos incluyen innovaciones, como el enhebrado y el cortahílos automático, la memorización de pespuntes y los sensores. Los modelos de la gama de precios más alta suelen ser máquinas bordadoras, y algunas pueden conectarse con ordenadores estándar. El *software* para bordados puede venir incluido o comprarse aparte.

TABLA 1.3 Máquinas para alta costura y costura artística

MARCA	MODELO
Bernina	Serie 7, serie 8
Brother	Serie Innovis
Elna	Serie Excellence
Husqvarna Viking	Serie Sapphire, serie Designer
Janome	Serie Memory Craft
Pfaff	Serie Performance, serie Ambition
Singer	Quantum Stylist, Futura

Máquinas bordadoras para el bordado industrial a pequeña escala (de 790 a 7.900 euros)

Algunos fabricantes comercializan máquinas para bordar que no incluyen funciones de costura. Los entusiastas de la costura doméstica que cuentan con una máquina híbrida para coser/bordar tienden a coser en una máquina alternativa y utilizan la máquina híbrida solo para bordar. Conscientes de esto, los fabricantes han lanzado al mercado máquinas bordadoras de una aguja y versiones reducidas de las máquinas para bordado industrial, de agujas múltiples.

TABLA 1.4 Máquinas bordadoras para el bordado industrial a pequeña escala

MARCA	MODELO
Bernina	Bernette 340 Deco
Brother	Innov-is 750E, Innov-is V3, PR650e de 6 agujas, PR1000e de 10 agujas
Elna	8300
Janome	Memory Craft 11000SE, Horizon Memory Craft 12000

Máquinas para la confección industrial a pequeña escala (de 550 a 7.900 euros)

Entre las máquinas domésticas y las industriales encontramos un grupo de máquinas destinadas a un uso de mayor rendimiento que las domésticas que suelen ser portátiles o fácilmente transportables y cuya velocidad es inferior que la de las máquinas industriales estándar. La mayoría de estas máquinas ofrecen pespuntes funcionales y cuentan con una palanca de elevación de rodilla para levantar el prensatelas o pata.

Máquina de coser industrial Durkopp Adler.

TABLA 1.5 Máquinas para la confección industrial a pequeña escala

MARCA	MODELO
Bernina	950 (máquina con pespuntes funcionales y decorativos que incluye pespunte para ojales)
Brother	S-1110A-3, S6200-403, S7200C-403, S7220B
Durkopp Adler	171-141621, 175-141621, 176-141621
Janome	Serie 1600
Singer	4423 Heavy Duty

Partes de la máquina de coser

A continuación se ilustran los principales componentes de una máquina de coser estándar. Aunque los modelos específicos pueden presentar pequeñas diferencias, todas las máquinas, sean para principiantes o informatizadas y de gama alta, presentan los mismos elementos básicos. Para manejar la máquina con mayor eficacia, debemos familiarizarnos con las partes de una máquina de coser básica y con el modo de empleo de las mismas.

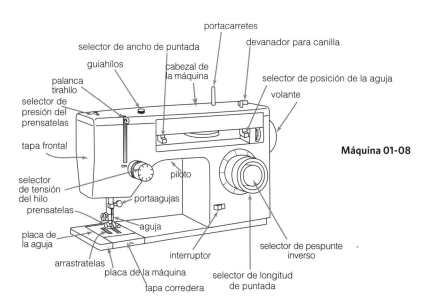

Máquina 01-08

CONSEJO DE COSTURA

Todas las máquinas de coser funcionan de manera similar. Aquí se ilustran los principales componentes de una máquina de coser estándar. La máquina 01-09, en la parte inferior de la página, corresponde a un modelo antiguo y se ha incluido aquí como referencia para quienes aún utilicen modelos antiguos. La máquina 01-08, en la parte superior de la página, es un boceto genérico de los nuevos modelos de máquinas de coser. Ninguna ilustración representa un modelo informatizado; no obstante, los componentes principales son los mismos para todas las máquinas de coser. Debemos identificar estos componentes en nuestra máquina para manejarla de manera más eficiente.

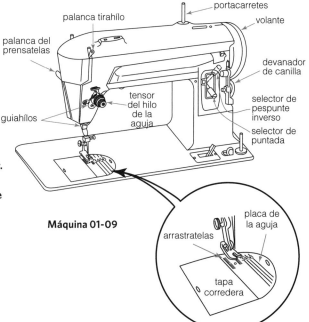

Máquina 01-09

Enhebrado de una máquina de coser de carga frontal

Enhebrar una máquina de coser conlleva tres operaciones: (1) devanado de la canilla, (2) enhebrado del canillero y (3) enhebrado de la aguja. Las siguientes instrucciones indican cómo enhebrar una máquina de coser estándar de enhebrado frontal. No debemos olvidar, sin embargo, remitirnos al libro de instrucciones de la máquina.

1 Subiremos la palanca tirahílos y la aguja hasta su posición más elevada usando el volante. Subiremos el prensatelas. Colocaremos una bobina de hilo en el portacarretes.

2 Tiraremos del hilo y lo pasaremos por el primer gancho guiahílos.

3 Guiaremos el hilo haciéndolo pasar por el lado derecho del selector de tensión.

4 Pasaremos el hilo alrededor del selector de tensión, cerciorándonos de que queda encajado entre los dos discos tensores.

5 Tiraremos del hilo alrededor de los discos tensores y lo haremos pasar a través del muelle tensor, por debajo del mismo.

6 Tiraremos del hilo hacia arriba y lo haremos pasar por el agujero de la palanca tirahílos, de derecha a izquierda.

7 Tiraremos del hilo hacia abajo, haciéndolo pasar por los guiahílos.

8 Pasaremos el hilo por la abrazadera del portaagujas.

9 Enhebraremos la aguja haciendo pasar el hilo por el ojo de la misma (véanse las instrucciones para enhebrar la aguja de la máquina más adelante en este capítulo).

CONSEJO DE COSTURA

- Si la máquina de coser no está bien enhebrada, el hilo del pespunte formará una maraña de bucles en la hoja inferior del tejido, la máquina se saltará puntadas o la aguja se desenhebrará tras dar unas puntadas.
- Al levantar el prensatelas, los discos de tensión se separan, permitiendo que el hilo pase a través de ellos.
- Algunos portacarretes cuentan con una pequeña muesca que permite recoger ordenadamente el extremo del hilo. Colocaremos la muesca hacia arriba cuando la bobina esté en el portacarretes para evitar que el hilo se enganche con ella y cause contratiempos a la hora de coser.

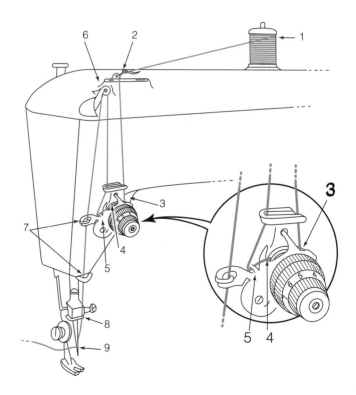

Enhebrado de una máquina de carga lateral

Muchas máquinas industriales se enhebran de forma lateral. Aunque los elementos más importantes son los mismos que los de una máquina de enhebrado frontal, los componentes del selector de tensión lateral pueden resultar confusos para algunos principiantes. Para aprender a utilizar este tipo de máquinas de carga lateral se recomienda consultar el esquema de esta página.

1 Girando el volante, subiremos la palanca tirahílos y la aguja hasta su posición más elevada. Colocaremos una bobina de hilo en el portacarretes. Tiraremos del hilo por encima de la máquina y lo haremos pasar por el primer guiahílos, como se muestra en la ilustración

2 Seguiremos tirando del hilo por encima de la máquina y lo haremos pasar por el segundo guiahílos.

3 Tiraremos del hilo hacia abajo hasta el comienzo del canal tubular.

4 Pasaremos el hilo por el canal tubular.

5 Guiaremos el hilo alrededor de los discos tensores, asegurándonos de que el hilo se quede encajado entre ambos discos. Después, tiraremos del hilo hacia arriba, haciéndolo pasar por encima del gancho del tirahílos.

6 Haremos pasar el hilo por debajo del muelle del tirahílos.

7 Seguiremos tirando del hilo hacia arriba, guiándolo a través de la ranura situada entre los discos del tirahílos.

8 Tiraremos del hilo hacia abajo, haciéndolo pasar a través de los guiahílos.

9 Pasaremos el hilo por la abrazadera del portagujas.

10 Enhebraremos la aguja haciendo pasar el hilo por el ojo de la misma (véanse las instrucciones para enhebrar la aguja de la máquina más adelante en este capítulo).

Versión industrial de una máquina de enhebrado lateral.

CONSEJO DE COSTURA

Si la máquina de coser no está bien enhebrada, el hilo del pespunte formará una maraña de bucles en la hoja inferior del tejido, la máquina se saltará puntadas o la aguja se desenhebrará tras dar unas puntadas.

OTRAS MÁQUINAS INDUSTRIALES
Las máquinas industriales de enhebrado frontal se parecen a la de la página 15; por tanto, utilizaremos las instrucciones aplicables a esta máquina para enhebrar las máquinas industriales de carga frontal.

Enhebrado de la aguja de la máquina

Dependiendo del tipo de máquina de coser, la aguja puede enhebrarse pasando el hilo a través del ojo en uno de estos tres sentidos:

1 De delante hacia atrás

2 De derecha a izquierda

3 De izquierda a derecha

CONSEJO DE COSTURA Si el hilo se enhebra en la aguja en la dirección incorrecta, la aguja se desenhebrará, el hilo de la aguja se saltará puntadas o ambas cosas.

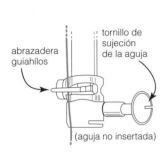

abrazadera guiahílos

tornillo de sujeción de la aguja

(aguja no insertada)

de delante hacia atrás

de derecha a izquierda

de izquierda a derecha

Devanado de la canilla

Muchas máquinas cuentan con un devanador de canilla convencional situado en el lado derecho. Otras vienen equipadas con una canilla que puede devanarse sin desmontarla. Es conveniente consultar el libro de instrucciones que acompaña a la máquina. A continuación presentamos los pasos básicos para el devanado, que pueden aplicarse a la mayoría de las máquinas:

1 Colocaremos una canilla vacía en el devanador.

2 Colocaremos una bobina de hilo en el portacarretes.

3 Pasaremos el hilo por el guiahílos.

4 Seguiremos tirando del hilo hasta alcanzar la canilla vacía. Devanaremos manualmente tres vueltas de hilo alrededor de la canilla.

5 Aflojaremos el tornillo de desembrague del volante para detener el movimiento de la aguja. Empujaremos la palanca de devanado hacia la canilla y el devanador hacia el volante (o viceversa, en el caso de algunas máquinas).

6 Pondremos en marcha la máquina para devanar la canilla. La mayoría de los devanadores se detienen automáticamente cuando la canilla está llena.

7 Cortaremos el hilo y sacaremos la canilla del devanador. Volveremos a apretar el tornillo de desembrague del volante.

CONSEJO DE COSTURA No todas las canillas son iguales. La máquina coserá mal (o dejará de coser) si utilizamos la canilla incorrecta. Así pues, siempre utilizaremos la canilla recomendada en el manual de la máquina.

EN LAS MÁQUINAS INDUSTRIALES: Para asegurarnos de que la aguja no se rompa, nos cercioraremos de que el prensatelas está bajado. El movimiento de subida y bajada de la aguja permite devanar una segunda canilla mientras se cose.

portacarretes

devanador

guiahílos

volante

Enhebrado del canillero

Antes de enhebrar el canillero, es recomendable consultar el manual de instrucciones que viene con la máquina. Algunas cuentan con canillas de carga superior: el canillero forma parte de la estructura de la máquina, por tanto, solo debemos insertar la canilla. El sistema más común permite la inserción de la canilla devanada en un canillero desmontable; después, canilla y canillero se insertan en la máquina al mismo tiempo.

1 Colocaremos la canilla en el canillero. Si miramos la canilla lateralmente en el momento de insertarla, veremos que el hilo toma la forma del número nueve.

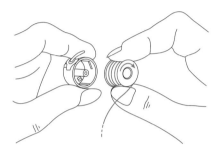

2 Pasaremos el hilo de la canilla por la ranura del canillero (A) y por debajo del muelle tensor.

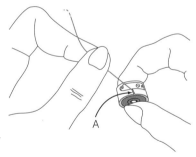

3 Seguiremos tirando del hilo y lo pasaremos por la muesca (B, C) situada en el extremo del muelle. Dejaremos 7 u 8 cm de hilo colgando del canillero.

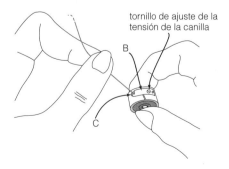

tornillo de ajuste de la tensión de la canilla

Montaje del canillero en la máquina

1 Levantaremos la lengüeta del canillero y lo posicionaremos sobre la clavija de la lanzadera.

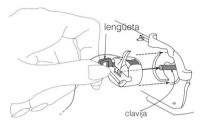

lengüeta

clavija

2 Soltaremos la lengüeta y empujaremos el canillero hacia adentro hasta que encaje con un clic.

3 Para sacar el canillero de la lanzadera, levantaremos la lengüeta y tiraremos del protacanilla hacia fuera.

Inserción de la canilla en un canillero fijo

Este canillero suele presentar variaciones, por lo que recomendamos consultar el manual de instrucciones de la máquina. En el tipo más común de canillero fijo, la canilla se inserta como sigue:

- Dejaremos unos 7 u 8 cm de hilo colgando de la canilla. La canilla debe colocarse de manera que el hilo apunte en sentido contrario a las agujas del reloj y forme una letra "P" con su extremo colgando.
- La colocaremos sobre la clavija central del canillero. Tiraremos del hilo, primero hacia la derecha y luego hacia la izquierda, para introducirlo en la ranura del tensor. Para sacar la canilla, presionaremos el botón de la canilla.

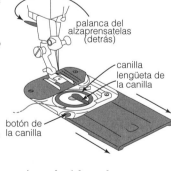

palanca del alzaprensatelas (detrás)

canilla lengüeta de la canilla

botón de la canilla

Extracción del hilo de la canilla

1 Con la mano izquierda, sujetaremos el extremo del hilo de la aguja. Haremos girar el volante hacia delante con la mano derecha, hasta que la aguja descienda completamente.

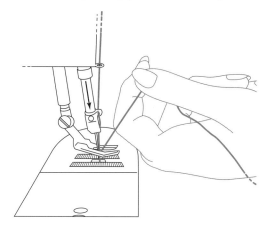

2 Seguiremos girando el volante hasta que la aguja comience a sacar el hilo de la canilla hacia arriba. Tiraremos del hilo de la aguja hacia nosotros; el hilo de la canilla, formando un bucle, aparecerá automáticamente en la superficie.

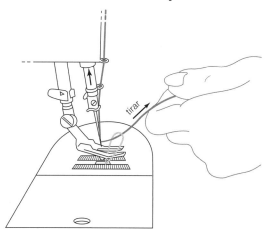

3 Tiraremos del hilo de la canilla hacia nosotros hasta sacar a la superficie 7 u 8 cm de hilo.

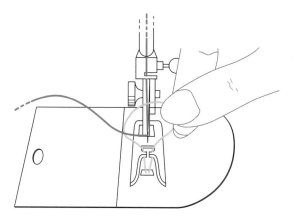

4 Haremos pasar ambos hilos, el de la aguja y el de la canilla, por debajo del prensatelas hasta que se sitúen detrás del mismo.

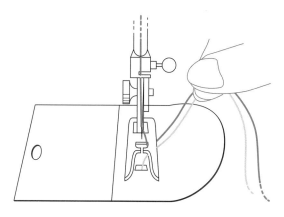

ENHEBRADOR AUTOMÁTICO
Algunas máquinas pueden realizar esta función, total o parcialmente, de manera automática.

Pautas para la costura y solución de problemas

Aunque no es cierto que las máquinas de coser se hayan diseñado para confundir al usuario, coser con una máquina que no funcione correctamente puede ser una experiencia frustrante. Manejar una máquina de coser es sencillo si sabemos utilizarla correctamente; conviene tener paciencia y aprender a manipular la máquina con maestría. La siguiente tabla presenta algunos de los problemas más comunes y sus correspondientes soluciones.

TABLA 1.6 Problemas y soluciones habituales

PROBLEMA	LISTA DE COMPROBACIÓN
El hilo forma bucles bajo la hoja inferior de tejido.	¿La máquina está bien enhebrada? ¿Está el hilo correctamente encajado entre los discos tensores? (¿En qué posición estaba el prensatelas mientras enhebrábamos la máquina, arriba o abajo?)
La máquina se salta puntadas o las puntadas no son uniformes.	¿Se ha desplazado la aguja hacia atrás? ¿La aguja tiene el tamaño correcto? ¿La máquina está bien enhebrada?
La aguja se desenhebra o se rompe.	¿Está el hilo correctamente encajado entre los discos tensores? ¿Está el hilo demasiado tenso? ¿Está el hilo trabado en algún punto de su recorrido como, por ejemplo, en el portacarretes? ¿Está desafilada la aguja? Si es así, debemos reemplazarla.
El tejido se mete por el agujero de la placa de la aguja.	¿Hemos colocado en la máquina la placa de la aguja correcta? Para realizar pespuntes rectos, debemos asegurarnos de haber colocado en la máquina la correspondiente placa de la aguja, que presenta un agujero pequeño, y no la placa para pespunte en zigzag, cuyo agujero es más grande.
Las costuras quedan retenidas.	¿La máquina está bien enhebrada? En caso afirmativo, comprobaremos la tensión y la aflojaremos, seleccionando un ajuste inferior. Es posible que debamos ajustar la longitud de puntada.
La tensión del hilo de la aguja no es correcta.	El hilo está demasiado flojo: las puntadas en la cara superior del tejido aparecen destensadas y el hilo forma baguillas por la cara inferior del tejido. El hilo está demasiado tenso: las puntadas se amontonan en la cara superior del tejido, creando un efecto de pellizco. Consultaremos el manual de la máquina para ajustar la tensión. En la mayor parte de las máquinas de coser domésticas, colocar el selector de tensión del hilo en la posición número 4 debería funcionar para la mayoría de los tejidos.
La tensión del hilo de la canilla no es correcta.	El hilo está demasiado flojo: forma baguillas que se pueden apreciar en la cara superior del tejido. El hilo está demasiado tenso: las puntadas crean un efecto de pellizco en la cara inferior del tejido.

CONSEJO DE COSTURA

- Un pespunte que no tenga el aspecto correcto en la cara inferior del tejido **suele indicar un problema con el enhebrado del hilo de la aguja, su tensión o la aguja.**
- Un pespunte que no tenga el aspecto correcto en la cara superior del tejido **suele indicar un problema con la canilla o el enhebrado del canillero.**
- Muchos principiantes se enfrentan al problema de la aguja que se desenhebra por no tener la precaución de hacer pasar, como mínimo, 12 o 13 cm de hilo por debajo del prensatelas y hacia la parte posterior del mismo antes de empezar a coser. Asimismo, al coser, la palanca del tirahílos debe estar en su posición más elevada.
- Debemos asegurarnos de limpiar la máquina a menudo para evitar que se acumule el polvo y eliminar trozos de hilo o de tejido que hayan quedado atrapados en ella. Para ello, seguiremos las instrucciones de mantenimiento de la máquina y la lubricaremos con aceite para máquinas de coser.

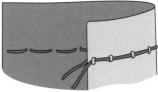

Formación de baguillas de hilo en la cara inferior del tejido.

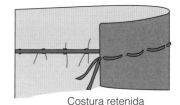

Costura retenida

REMALLADORAS

Las máquinas remalladoras (también conocidas como *overlocks*) sirven como complemento (aunque no como sustituto) de las máquinas de coser. La principal función de una remalladora es cortar los bordes de costura sin pulir y sobrehilarlos con un remate pulido, para que el tejido no se deshilache. Las remalladoras industriales se denominan *overlock*, y las inventó y patentó la empresa Merrow en 1889.

A diferencia de las máquinas de coser tradicionales, las remalladoras no utilizan canilla; en su lugar, usan uno o más hilos de aguja y una o más lanzaderas que entrelazan los hilos para formar el pespunte. La función de alimentación diferencial (es decir, la capacidad de que dos arrastratelas independientes alimenten el tejido en la máquina a velocidades distintas) permite a la remalladora realizar costuras perfectamente planas en tejidos difíciles de coser. La alimentación diferencial también admite los detalles decorativos, como fruncidos o dobladillos con remate de caracolillo.

Remalladoras industriales

Las remalladoras industriales suelen fabricarse como máquinas de función exclusiva y algunas están automatizadas. El cabezal de la máquina se monta sobre una mesa que contiene un motor de embrague independiente, un pedal, un portaconos o árbol y un sistema de lubricación automático. El poderoso motor está diseñado para trabajar largas horas en un entorno de producción industrial. Las remalladoras industriales suelen realizar más puntadas por minuto que las máquinas domésticas y pueden pespuntear, remallar y cortar los bordes de las costuras en un solo paso. Con estas máquinas se obtienen costuras con márgenes estrechos y de aspecto profesional, y suelen venir equipadas con funciones que les permiten realizar pespuntes invisibles, remallados en cadeneta, dobladillos y pespuntes recubiertos. Aunque las remalladoras industriales tienen un aspecto bastante diferente del de sus primas domésticas, sus funciones son similares. Brother, Juki, Mauser-Spezial, Pegasus, Pfaff, Singer y Union Special son algunas de las marcas disponibles. Existen remalladoras de diferentes marcas que son prácticamente idénticas; ello se debe a que existen pocos fabricantes de remalladoras y a que estas se fabrican siguiendo las especificaciones de las grandes marcas.

Remalladoras domésticas

El mercado de remalladoras domésticas (véase la lista de fabricantes en la página 169) ha ampliado su oferta en los últimos veinticinco años con modelos que realizan tanto pespuntes decorativos como funcionales. Las remalladoras domésticas suelen combinar varias funciones, como el remallado a tres o cuatro hilos y una función para dobladillo enrollado o canutillo en las máquinas más básicas. Los modelos más complejos ofrecen funciones de pespunte en cadeneta, pespunte recubierto y varios pespuntes decorativos con múltiples agujas e hilos. Las primeras remalladoras domésticas eran difíciles de enhebrar; las máquinas actuales, más ligeras, se enhebran con facilidad y pueden manejar varias hojas de tejidos de gramaje medio-alto al mismo tiempo. La velocidad de puntada puede ser de 1.500 puntadas por minuto, con lo que realizan de manera rápida tareas pesadas como un dobladillo en tela chifón. Las remalladoras domésticas son fáciles de reconocer por sus múltiples selectores o diales de tensión y portaconos. Para más información sobre el uso de las remalladoras, véase la bibliografía recomendada en la página 168.

Consejos para la compra de una remalladora doméstica

Por la multitud de funciones y características que ofrecen las remalladoras, es aconsejable realizar una compra comparativa y analizar los diferentes precios y calidades. Debe tenerse en cuenta la disponibilidad de piezas de repuesto y, en particular, de las agujas, ya que las remalladoras no utilizan las mismas agujas que las máquinas de coser domésticas. Las remalladoras realizan gran cantidad de puntadas por minuto, por lo que es importante cambiar las agujas con regularidad para obtener resultados óptimos.

Los principales tipos de remalladoras incluyen:

- **Remalladoras de tres hilos:** equipadas con dos lanzaderas y una aguja, se utilizan principalmente para pulir bordes de costura, aunque también pueden realizar repulgos a tres hilos y costuras de tipo *flatlock*. Estas costuras a tres hilos suelen tener mayor elasticidad que las hechas a cuatro hilos, por lo que suelen utilizarse en la confección de géneros de punto.

- **Remalladoras de cuatro hilos:** equipadas con dos lanzaderas y dos agujas, se utilizan para coser y pulir costuras al mismo tiempo. La mayoría de las remalladoras de cuatro hilos también pueden realizar pespuntes a tres hilos. El remallado a cuatro hilos suele usarse para las costuras de ensamblaje con tejidos de calada.

- **Remalladoras de cinco hilos:** equipadas con tres lanzaderas y dos agujas. Estas máquinas suelen utilizarse para ensamblar la prenda

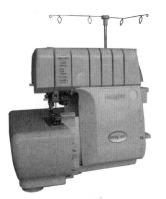

Remalladora de la marca Babylock.

con un pespunte de cadeneta y, simultáneamente, pulir los bordes con un remallado a tres hilos. Generalmente, estas máquinas pueden realizar dobladillos a dos hilos y pespuntes recubiertos con dos agujas.

Existen muchos modelos de remalladoras; los más económicos del mercado doméstico suelen realizar remallados a tres o cuatro hilos, bordes a tres hilos, y pueden utilizarse para coser prendas. Las máquinas de cinco hilos suelen realizar dobladillos enrollados a dos y tres hilos, remallados a tres y cuatro hilos y costuras de seguridad a cinco hilos. Algunos modelos también realizan pespuntes recubiertos y en cadeneta. Las remalladoras de categoría superior pueden llegar a trabajar con diez conos de hilo y realizar multitud de pespuntes decorativos, y vienen equipadas con prestaciones como el enhebrado automático por aire.

HERRAMIENTAS Y ACCESORIOS DE COSTURA

Instrumentos de medida y reglas especializadas

A continuación enumeramos los accesorios de costura más comunes que se usan para medir:

- **Cinta métrica:** cinta flexible y reversible, de 150 cm de longitud, que se utiliza para tomar varias medidas.
- **Medidor de tiro:** cinta flexible, de 150 cm de longitud, con una pieza de cartón unida a uno de sus extremos que se utiliza para medir el tiro de los pantalones.
- **Vara de medir:** regla de madera o metal, de un metro de longitud, que se utiliza para medir dobladillos, superficies planas y largos variados, así como para determinar el sentido del hilo del tejido.
- **Regla de plástico transparente de 46 cm:** regla de 5 cm de ancho dividida en una cuadrícula de 3 x 3 mm. Esta regla transparente es ideal para determinar el sentido del hilo del tejido y para acomodar el patrón a las líneas de ajuste. Tanto la regla con unidades expresadas en sistema métrico como la que se presenta en sistema imperial pueden adquirirse en tiendas de material de oficina, tiendas de tejidos o en tiendas *online* como www.morplan.com.
- **Calibrador de modistería:** calibrador de 15 cm de longitud, dotado de un indicador móvil que permite medir aquellas áreas que deban mantener una medida constante y uniforme, como la anchura de dobladillos, pliegues y alforzas. Muchos calibradores se presentan con escala métrica y sistema anglosajón a la vez.
- **Calibrador de ojales:** instrumento de medida expandible que permite marcar la distancia entre botones u ojales rápida y automáticamente. Puede conseguirse a través de proveedores de mercería doméstica y en algunos establecimientos de venta de tejidos.
- **Regla de modistería de plástico transparente:** regla de plástico transparente con líneas curvas que permite ajustar curvas. Funciona como una combinación de la regla curva francesa, la regla curva de sastre y la regla recta.
- **Marcador de dobladillos:** instrumento utilizado para medir la distancia entre el bajo de una prenda y el suelo.
- **Regla curva francesa:** regla de unos 25 cm de longitud con uno de sus bordes en forma de espiral. Se utiliza como guía para dar forma y rectificar los bordes de escotes, sisas, copas de manga, pinzas, costuras del tiro, solapas, bolsillos y cuellos.

CONSEJO DE COSTURA — **Es conveniente contrastar de manera periódica las medidas de las reglas respecto a las de las cintas métricas para comprobar que coinciden, ya que las cintas métricas tienden a ceder con el uso.**

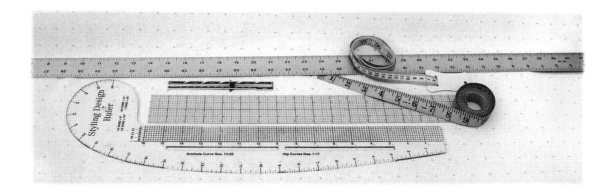

Instrumentos de corte

A continuación se enumeran los instrumentos de corte más habituales:

- **Tijeras de modista y tijeras de sastre:** las hojas de las tijeras de sastre suelen tener una longitud de entre 10 y 20 cm y son de acero; uno de los ojos es de mayor tamaño que el otro. Las tijeras de sastre de mango acodado son excelentes para cortar tejidos y patrones con facilidad y precisión. El tamaño de las tijeras de modista, entre 7 y 15 cm, suele ser menor que el de las de sastre, pero los ojos suelen tener el mismo tamaño. Para cortar tejidos, escogeremos las tijeras con las hojas más largas posible, siempre que nos resulten cómodas a la hora de cortar.
- **Tijera para ojales:** tijera de pequeño tamaño con hojas de punta afilada, especialmente diseñada para abrir ojales.
- **Tijera dentada:** tijera que, al cortar, crea un borde en zigzag, para evitar que el tejido se deshilache y añadir un detalle decorativo a los márgenes de costura. Estas tijeras no deben utilizarse para cortar la primera marcada de patrón y tejido.
- **Abreojales o descosedor:** pequeña herramienta cuyo extremo presenta una terminación en punta y otra con una hoja afilada. La punta se utiliza para descoser puntadas no deseadas y la hoja sirve para cortar hileras de pespuntes.
- **Cortahílos:** pequeña cizalla especialmente diseñada para cortar hilos sueltos y pequeñas superficies. Suele utilizarse para cortar los hilos sobrantes a ambos extremos de una costura.
- **Tijera rematadora:** suele tener entre 10 y 20 cm de longitud y punta afilada; se utiliza para cortar hilos y recortar o rematar costuras.
- **Cúter circular:** instrumento de corte de hoja circular que sirve para cortar bordes rectos utilizando una regla como guía para la hoja. No se recomienda para cortar curvas ya que suele ser poco preciso.

CONSEJO DE COSTURA

- Tanto las tijeras de modista como las de sastre deben someterse a un afilado profesional de manera periódica para mantener una capacidad de corte óptima. Algunos fabricantes ofrecen un servicio de afilado y reparación de por vida, pagando un pequeño coste en concepto de transporte.
- En ocasiones, puede dar la sensación de que las tijeras están poco afiladas, especialmente después de cortar ciertos materiales recubiertos con sustancias adhesivas, materiales sintéticos o papel. Se recomienda humedecer las hojas con alcohol isopropílico utilizando un paño suave para eliminar los restos; después aplicaremos una gota de aceite lubricante para máquinas de coser en el pivote de las hojas.

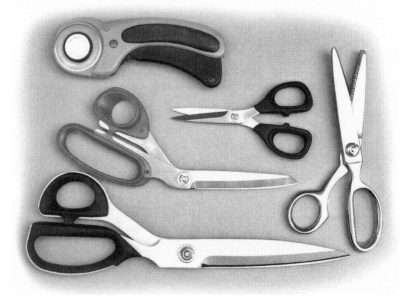

Accesorios de costura y útiles varios

Los siguientes materiales y herramientas son muy útiles a la hora de coser:

- **Alfileres:** los alfileres de modista, de punta cónica afilada, se fabrican con acero o latón, lo que evita que se oxiden, y pueden utilizarse en todo tipo de tejidos. Para géneros de punto se usan alfileres de punta esférica.
- **Agujas para coser a mano:** varillas de acero largas y delgadas con un ojo en uno de sus extremos. Las agujas están disponibles en una amplia variedad de tamaños y tipos. Es recomendable tener a mano paquetes de agujas surtidas.

  - **Agujas de punta fina:** disponibles en tamaños que van del cinco al diez, son agujas polivalentes y pueden utilizarse en tejidos finos, delicados, ligeros o pesados.
  - **Agujas de sastre:** también llamadas agujas de apuntar, son más cortas que las de punta fina y tienen un ojo redondo. Están diseñadas para trabajar a mano con puntadas cortas y precisas, en sastrería y en otras labores manuales.
  - **Agujas de bordar:** también llamadas a agujas de pasar o estambreras, tienen un ojo oval de gran tamaño que admite hilos gruesos o varios hilos al mismo tiempo. Su longitud es similar a la de las agujas de punta fina.

- **Dedal:** utensilio ligero de metal (latón o níquel) o de goma, cerrado en su parte superior, que se ajusta al dedo corazón de la mano que cose, protegiéndolo cuando empuja la aguja a través del tejido.
- **Alfiletero o acerico:** mantiene los alfileres organizados y a mano. El alfiletero más común tiene forma de tomate y va acompañado de una bolsa con esmeril para eliminar las rebabas y el óxido de agujas y alfileres, aunque existen acericos de otros tipos y tamaños. Escogeremos el alfiletero del tipo y tamaño que nos resulte más fácil de utilizar.
- **Encerador para hilo:** contiene cera de abejas en un recipiente con ranuras, por las que se pasa el hilo para darle mayor resistencia y reducir su tendencia a enredarse. Deberemos tener cuidado a la hora de utilizar hilo encerado en tejidos que serán lavados en seco, ya que la cera se fundirá y podría verse en la superficie del tejido.

- **Alfiletero de esmeril:** pequeña bolsa rellena de una sustancia abrasiva que se utiliza para eliminar el óxido y las rebabas de agujas y alfileres.
- **Tiza de marcar:** lápices disponibles en colores pastel que se utilizan para transferir marcas del patrón al tejido. Estas marcas se hacen en el revés del tejido y no son visibles por el derecho, son lavables y se evaporan con la exposición al aire.
- **Jaboncillo de sastre:** tiza lavable de arcilla que se presenta en pastillas delgadas y se utiliza para marcar sobre el tejido los dobladillos y otras líneas constructivas de la prenda. Esta tiza también se puede encontrar en forma de polvo que se aplica mediante un dispensador de tipo Chaco Liner o similar, provisto de una pequeña rueda. Aunque el jaboncillo de color blanco se elimina con el lavado, algunos tejidos conservan manchas permanentes debidas al jaboncillo de color. El jaboncillo de sastre de tacto encerado es el más utilizado en la industria de la moda.
- **Papel de calco:** papel entintado lavable de doble cara. Se coloca entre los reveses de dos hojas de tejido y, utilizando una ruleta de marcar, se transfieren las marcas del patrón al tejido. No es recomendable utilizar papel de calco ya que, en ocasiones, las marcas pueden transparentarse por el derecho del tejido y quizá no se eliminen con el lavado.
- **Ruleta de marcar:** rueda circular de borde serrado con dientes afilados y provista de un mango, que se utiliza, con o sin papel de calco, para transferir marcas. La rueda debe estar lo bastante afilada como para dejar marcas, aunque no en exceso, ya que podría rasgar el tejido.
- **Gancho de lengüeta:** instrumento que se utiliza para volver del derecho cintas o cinturones al bies.
- **Pasacintas:** se utiliza para pasar cordones o cinta elástica a través de las jaretas, o para volver del derecho cintas al bies de mayor anchura.

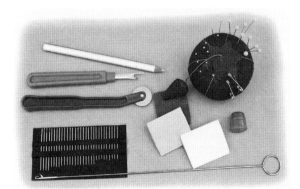

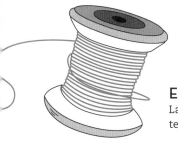

El hilo

Las prendas deben coserse con un hilo que sea de su mismo color. La elección del hilo dependerá del tejido, del tamaño de la puntada y del efecto deseado.

Existen diversos tipos de hilo tanto para coser a mano como a máquina. Para todos los tipos de hilo, cuanto más alto sea el número que figura en el carrete, más fino será el hilo. Si el hilo es demasiado grueso para el tejido en cuestión quizá las costuras se frunzan como resultado de un "atasco de hilo".

A continuación se enumeran algunos de los tipos de hilo más habituales:

- **Hilo de filamento continuo recubierto:** filamento de poliéster recubierto de algodón o poliéster. Adecuado para la mayoría de los tejidos, este hilo es más resistente que el de fibras de poliéster del mismo diámetro. Presenta un acabado mate que se fusiona bien con la costura. El poliéster recubierto de algodón tolera las altas temperaturas necesarias para planchar tejidos de algodón y lino. En ocasiones, los ligeros hilos de filamento continuo recubierto no se pueden encontrar en mercerías dedicadas a la costura doméstica, aunque están disponibles en los proveedores industriales.

- *Hilo de fibras de poliéster:* hilo resistente fabricado con fibras cortas de poliéster hiladas entre sí. Este hilo posee una cierta elasticidad y debe utilizarse para coser tejidos elásticos y de lana.

- **Hilo de algodón mercerizado:** hilo de algodón con un ligero brillo, habitualmente disponible en grosores variados: el número 12 se utiliza para sobrepespuntear, los números 30 y 40 para labores generales de costura a máquina y acolchados, y los números 50 y 60 se emplean con tejidos delicados y para coser a mano.

- **Hilo de torzal:** hilo grueso, del número 12, fabricado con algodón, poliéster o seda, que se utiliza para sobrepespuntear, hacer ojales a mano y coser botones.

- **Hilo para acolchados a máquina:** hilo lustroso y resistente de algodón o de filamento de poliéster recubierto de algodón. Indicado para la mayoría de las labores de costura a mano, ya que no se enreda.

- **Hilo para remalladora:** realizado con fibras de poliéster y más ligero que el hilo utilizado para coser a mano, suele presentarse en conos. El hilo para remalladora suele presentar bastante borra y nódulos, por lo que no se recomienda para máquinas de coser normales.

CONSEJO DE COSTURA

Los hilos de alta calidad están fabricados con fibras de mayor longitud, lo que garantiza un mejor rendimiento de la máquina de coser. El hilo de fibras cortas o el hilo encerado pueden obstruir la máquina y reducir la calidad de la labor de costura.

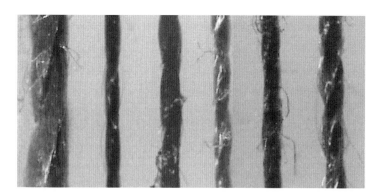

Agujas para coser a máquina

La medida de las agujas para coser a máquina debe concordar con el tipo y el gramaje del tejido, y con el grosor del hilo. La medida de la aguja debe permitir que se realicen los pespuntes adecuados para el tejido con la medida más pequeña posible. Si la aguja se salta puntadas, escogeremos una aguja de mayor tamaño.

Las agujas para máquinas de coser se clasifican según el sistema de agujas, el tamaño y el tipo de punta. Las máquinas de coser domésticas llevan más de cuarenta años utilizando el mismo sistema de agujas, denominado 130/705H o 15X1H. Las máquinas de coser industriales y las remalladoras utilizan sistemas de agujas variados, que se designan mediante códigos como DBX1 o 85X1. El primer código se refiere al sistema europeo; el segundo, al sistema norteamericano. Cuanto más alto sea el número del código, mayor será el grosor de la aguja.

A medida que sube la numeración (en ambos sistemas), se incrementa el diámetro del talón de la aguja, así como el tamaño del ojo y de la ranura situada en su parte frontal. Las agujas para máquinas domésticas están disponibles en tamaños que van del 8/60 al 18/110, y en una gama de tamaños más amplia en el caso de las máquinas industriales. Los tamaños 8/60 o 9/65 se utilizan para coser tejidos finos y delicados; la mayoría de los tejidos de gramaje medio pueden coserse con agujas de tamaños que van del 10/70 al 12/80. Los tejidos más pesados se cosen con agujas de tamaño 14/90 o 16/100.

Las ilustraciones muestran las típicas agujas empleadas por las máquinas de coser, producidas por una serie de fabricantes. Al comprar agujas para máquina de coser, debemos comprobar que en el envoltorio se especifique el modelo de máquina, el tamaño de las agujas y el tipo de punta de las mismas.

A continuación se enumeran las agujas más comunes para coser a máquina:
- **Aguja de punta universal:** es la aguja más común, indicada para la mayoría de los tejidos de calada. Se fabrica en muchos tamaños, desde el 8/60 (indicado para tejidos ligeros) hasta el 18/110 (para tejidos de alto gramaje). Una de las variantes de la aguja de punta universal es la aguja Microtex, indicada para coser sedas y tejidos de trama tupida, incluidos los tejidos de microfibra.
- **Aguja de punta redonda o punta de bola:** la punta semiesférica de esta aguja la convierte en la más adecuada para coser todo tipo de tejidos

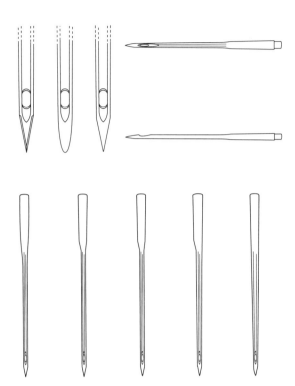

de punto y elásticos. Se fabrica en los mismos tamaños que la aguja universal y una de sus variantes es la aguja de punta redonda especial, que se emplea para coser tejidos elásticos.
- **Aguja de punta biselada:** aguja especial que se utiliza para coser cuero, ante, vinilo y algunos tipos de imitación de cuero. Está disponible en tamaños del 10/70 al 19/120. No se recomienda utilizar este tipo de aguja para coser la mayoría de los tejidos.

EQUIVALENCIA DE TAMAÑOS DE AGUJAS EN EL SISTEMA MÉTRICO

NM es el código empleado para expresar el tamaño de una aguja en el sistema métrico, e indica el diámetro de la lámina de la aguja en centésimas de milímetro; así, por ejemplo, la lámina de una aguja de tamaño NM100 tendrá un diámetro de un milímetro.

AGUJAS DE TALÓN INDUSTRIAL Y AGUJAS DE TALÓN DOMÉSTICO

Las máquinas de coser industriales utilizan agujas con talones de sección circular, mientras que las máquinas domésticas utilizan agujas de talón cuadrangular. El talón de sección cuadrangular permite reemplazar la aguja fácilmente y garantiza que esta se mantenga en la posición correcta.

TAMAÑO DE LA AGUJA Y GROSOR DEL HILO

Un hilo demasiado grueso para el ojo de una determinada aguja puede hacer que se formen baguillas de hilo en la cara inferior del tejido que se esté cosiendo. Podemos comprobar si el hilo tiene el grosor adecuado para el ojo de la aguja mediante una sencilla prueba, que consiste en cortar un trozo de hilo de unos 30 cm de longitud, que haremos pasar por el ojo de la aguja (sin que esta esté montada en la máquina); después, tensaremos el hilo tirando de ambos extremos y haremos girar la aguja a su alrededor, mientras lo inclinamos en un ángulo de 45°. Si la aguja se desliza hacia abajo por el hilo cuando deje de girar, el ojo de la aguja es lo bastante amplio para el grosor del hilo escogido.

 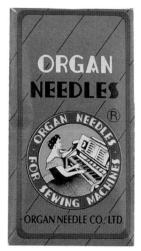

CONSEJO DE COSTURA Sustituiremos las agujas cuando estén dobladas o cuando la punta esté roma o se haya embotado, lo que suele suceder como resultado del choque contra algún alfiler o contra el prensatelas, o por el desgaste sufrido al atravesar los tejidos. Las agujas de punta roma o doblada pueden saltarse puntadas y dañar el tejido; por tanto, es recomendable tener agujas de repuesto.

TABLA 1.7 Tamaños de aguja según el tipo de tejido

TIPO DE TEJIDO	GRAMAJE DEL TEJIDO	TAMAÑO DE LA AGUJA	TIPO DE AGUJA
Tejidos de calada	Ligero	8/60, 9/65	Universal
	Medio	10/70, 11/75, 12/80	Universal
	Pesado	14/90, 16/100, 110/18	Universal o especial para vaqueros
Tejidos de calada con pelo y afelpados		11/75, 12/80, 14/90	Universal
Géneros de punto y tejidos elásticos	Ligero	8/60, 9/65	Punta redonda o especial para tejidos elásticos
	Medio	10/70, 11/75, 12/80	Punta redonda o especial para tejidos elásticos
	Pesado	14/90, 16/100	Punta redonda o especial para tejidos elásticos
Tejidos de punto con pelo y afelpados		11/75, 12/80, 14/90	Punta redonda o especial para tejidos elásticos
Cuero, ante y tejidos de vinilo	Pesado	18/110, 19/120	Especial para cuero o de punta biselada

HERRAMIENTAS Y ACCESORIOS DE PLANCHA

El planchado es esencial para dar un acabado profesional a las prendas. El uso de instrumentos para el planchado garantizará que todas las piezas de una prenda estén correctamente planchadas, y se mejorará el aspecto general de la misma. Los siguientes accesorios son muy útiles a la hora de planchar:

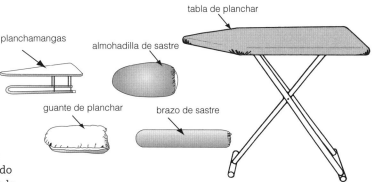

- **Tabla de planchar:** formada por una superficie firme con un extremo más angosto, que puede ajustarse a diferentes alturas.
- **Plancha (seca y de vapor):** con funciones para planchar en seco y con vapor, es el instrumento más eficiente para planchar los diversos tipos de tejidos. Un centro de planchado con depósito independiente para la generación de vapor es la herramienta esencial para conseguir un acabado profesional.
- **Tabla de púas:** consiste en un pequeño tablón rectangular cubierto de púas metálicas que se utiliza para planchar tejidos de pelo o afelpados, como el terciopelo y la pana. Las púas evitan que el pelo se apelmace o se aplaste. La tabla de púas puede sustituirse por un material especial, similar a un tejido de pelo.
- **Plisador:** bloque de madera de frondosas, de acabado uniforme, que se utiliza sobre el tejido cuando este aún está húmedo a causa del vapor, para crear pliegues marcados en pantalones, cuellos, bajos, tablas y vistas.
- **Lienzo para planchar:** trozo de algodón o muselina que se humedece, se dobla y se coloca entre el tejido y la plancha. Al aplicar presión y calor con la plancha, el lienzo para planchar evita que se formen brillos en el derecho del tejido y produce un planchado uniforme.
- **Guante de sastre o guante de planchar:** guante acolchado de pequeñas dimensiones que se utiliza para planchar y dar forma a costuras curvas, como las copas de las mangas, y a otras partes de la prenda que no deben plancharse en plano.

- **Brazo de sastre:** pequeño cojín largo y cilíndrico, con un acolchado consistente, cubierto con tela de algodón por una cara y paño de lana por la otra. Se utiliza para planchar costuras largas en zonas de difícil acceso, como las costuras de las mangas. El lado forrado de algodón se utiliza para planchar la mayor parte de los tejidos, y el otro lado se reserva para tejidos de lana.
- **Planchamangas:** pequeña tabla de planchar acolchada con extremos de diferentes dimensiones. Este tablón se coloca encima de la tabla de planchar y se utiliza para planchar mangas y otras áreas de dimensiones reducidas.
- **Aplanador de costuras:** herramienta de madera de extremos ahusados que se usa para planchar zonas de difícil acceso, como cuellos, solapas, esquinas y picos.
- **Almohadilla de sastre:** cojín ligero de forma ovoide y acolchado firme, cubierto con tejido de algodón recio por un lado y paño de lana por el otro. Se utiliza para planchar costuras curvas, pinzas, cuellos y solapas. El lado forrado de algodón se utiliza para planchar la mayoría de los tejidos, mientras que el lado forrado de lana se usa para planchar tejidos de lana.

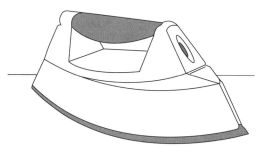

TÉCNICAS DE PLANCHADO

A la hora de planchar, utilizar la temperatura correcta, la presión adecuada y los útiles necesarios garantiza el correcto planchado de todas las áreas, lo que le proporcionará a la prenda un aspecto profesional.

Control de la temperatura de planchado: la temperatura de la mayoría de las planchas puede regularse mediante un selector, que va desde la posición de temperatura baja hasta la posición alta. Si la plancha está demasiado caliente puede llegar a deformar, fundir, quemar o dejar marcas en el tejido; si está demasiado fría, quizá no logremos planchar la prenda. Debemos probar la temperatura de la plancha sobre un pequeño trozo del tejido que hayamos escogido para realizar la prenda.

A continuación se muestran los pasos a seguir a la hora de planchar costuras y pinzas:

1 Aplanaremos las costuras con la plancha, planchándolas hacia un lado. Esto permite que las puntadas se asienten en el tejido. Después, abriremos la costura con la plancha.

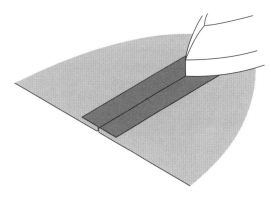

2 Plancharemos el tejido sobrante de las pinzas hacia el centro de la prenda o hacia abajo. La almohadilla de sastre nos será muy útil para dar forma a la pinza.

3 Plancharemos todas las costuras y pinzas por el revés del tejido.

almohadilla de sastre

CONSEJO DE COSTURA

- **Qué hacer si la plancha de vapor "escupe" agua:** una plancha de vapor a baja temperatura puede "escupir" agua, salpicando el tejido y provocado que se descolore. Si tenemos que planchar algún tejido que requiera una temperatura inferior a la establecida para que la plancha genere vapor, intentaremos planchar primero algún retal sobrante para comprobar si la plancha escupe agua. Si lo hace, podemos utilizar un lienzo de planchar humedecido y una plancha seca.

- **Al planchar pinzas,** colocaremos una tira de papel entre la pinza y el tejido para evitar que la pinza deje marcas en el derecho del tejido. También podemos utilizar papel para planchar los márgenes de costura.

papel

Para conseguir una prenda con un acabado profesional, podemos utilizar alguna de las siguientes técnicas básicas de planchado:

- No se debe deslizar la plancha hacia delante y hacia atrás sobre el tejido, sino levantarla y hacerla descender sobre el mismo. El planchado a presión se aplica sobre el tejido para darle forma y aplanar costuras. El planchado normal se realiza con movimientos de lado a lado y se utiliza para eliminar arrugas.
- Plancharemos cada sección de la prenda a medida que la vayamos cosiendo, antes de coser la siguiente sección.
- Si queremos un planchado más plano y uniforme, usaremos un lienzo de planchar

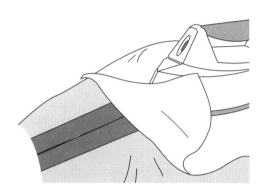

ligeramente humedecido, que colocaremos entre la plancha y la prenda para generar vapor suplementario. Utilizaremos la plancha en su función de vapor y aplicaremos presión adicional.

CONSEJO DE COSTURA Si no disponemos de un planchamangas, podemos utilizar una toalla o un trozo de tela de algodón enrollada en forma de cilindro compacto. Ataremos los extremos del cilindro con cinta o hilo de tejer, lo insertaremos en la manga y plancharemos.

- A la hora de planchar un tejido de pelo o afelpado, como el terciopelo o la pana, debemos asegurarnos de colocar el derecho del tejido sobre una tabla de púas y de planchar la prenda por el revés.

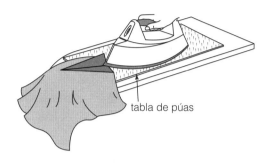
tabla de púas

- Utilizaremos un pequeño brazo de sastre para planchar costuras estrechas y largas, y un planchamangas para secciones de pequeño tamaño.

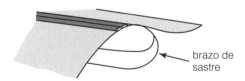
brazo de sastre

CÓMO IDENTIFICAR TEJIDOS

INTRODUCCIÓN A LOS TEJIDOS

Los diseños de tejidos más novedosos se inspiran en una creciente conciencia medioambiental a nivel global, como consecuencia de la polución y del deseo de producir tejidos de calidad que impacten menos en el medio ambiente. Las nuevas fibras naturales y las mezclas nobles tejen un relato de tejidos perfectos, con resultados que van de lo rústico a lo refinado.

Textura de los tejidos

La novedad más importante en el sector textil actual es que las tejedurías trabajan las fibras orgánicas con maquinaria de alta tecnología, resultado de una búsqueda constante de tejidos con características "novedosas". Aunque a simple vista los nuevos tejidos e hilaturas puedan tener un aspecto clásico, las complejas innovaciones aplicadas al acabado del tejido, como el lacado, el metalizado, el cardado, el deslavado, el arrugado y la torsión, producen tejidos más ligeros, más duraderos y con una mano más fina.

La calidad de las materias primas, combinadas según sutiles variaciones, confiere un nuevo aspecto a la superficie, la apariencia y la mano del tejido; así, por ejemplo, las mezclas conocidas como "tecnonaturales" consisten en una mezcla de fibras naturales y sintéticas que genera resultados notables. Asimismo, las tejedurías mezclan fibras vegetales con cachemir, seda y lana para dar a los tejidos un aspecto ligero, esponjoso y cálido. Los tejidos finos, como el cachemir, el baby alpaca, el kid mohair y las lanas extrafinas, reciben acabados elegantes y sencillos, como el fieltrado, el abatanado, el cepillado, el cardado o el acabado rústico. La lana, el cáñamo y la seda se mezclan con poliéster para conseguir sutiles diferencias en el aspecto y el tacto, mientras que la rafia y el papel se combinan con algodón o lino para crear un efecto más texturizado.

Las nuevas técnicas de elaboración que se aplican al algodón crean tejidos lustrosos y suaves. Las fibras naturales también pueden mezclarse con tejidos sintéticos y con otras fibras naturales; así, por ejemplo, las mezclas de lana y algodón y de lana y lino han tenido muy buena acogida en el mercado. Los nuevos tejidos incluyen microtexturas creadas con microtramas, que producen tejidos de gran ligereza, alto rendimiento y una mano de ensueño.

El proceso aplicado a la producción de tejidos es el mismo en todos los casos, independientemente de la textura del tejido o del tipo de fibra. Las fibras se hilan entre sí para formar hilos que después se tejen o tricotan para obtener el tejido. El color se añade por tintado o por impresión. Finalmente, se aplica al tejido alguna técnica de acabado (generalmente de tipo químico) para mejorar su rendimiento y dotarle de características atractivas para el cliente y adecuadas para el uso al que se destine la prenda.

Fibras

La elección de fibras y las técnicas aplicadas a las mismas para producir tejidos definen sus diferencias. Las fibras pueden ser naturales o artificiales. Las fibras naturales de origen vegetal incluyen el algodón, el lino, el cáñamo, el ramio, la fibra de maíz y el yute. Las fibras de origen animal incluyen la lana de oveja, el mohair (obtenido de la cabra de Angora), la angora (que se obtiene del conejo de Angora), el pelo de camello y la alpaca. La popularidad de la fibra elaborada con lana de búfalo está aumentando tanto en el campo del tricot manual como en el industrial. La seda es la única fibra que se obtiene de un insecto, el gusano de seda.

Las fibras artificiales no se dan en la naturaleza; se producen utilizando una serie de procesos químicos. Las fibras artificiales incluyen el acetato, el acrílico, el nailon, el poliéster, el rayón, el elastano, y el Tencel. La materia vegetal (como la madera, bambú, alga o soja) se reduce a pulpa y se descompone utilizando soluciones químicas.

Los tejidos de microfibra son muy suaves y presentan un buen drapeado; la tecnología aplicada a la microfibra puede, además, producir tejidos con la apariencia y el tacto de la seda. Asimismo, se puede producir lino ligero y de poco grosor y lanas que no se abatanen con el lavado, ambos con tacto sedoso. Los tipos más comunes de microfibra se fabrican con poliésteres, poliamidas (nailon) o con una combinación de ambos. Las fibras metálicas se elaboran mediante delgadas tiras de oro, plata, cobre, acero inoxidable y aluminio, que se incorporan al tejido mediante el recubrimiento de un núcleo formado por otras fibras. El tejido puede fabricarse con un tipo de fibra o combinando varios tipos; habitualmente, las mezclas se crean porque ciertas fibras no poseen las características necesarias para realizar determinadas funciones. Así, por ejemplo, el algodón posee unas excelentes cualidades por lo que a absorción y suavidad se refiere, pero se arruga; al mezclarlo con poliéster, que presenta una alta resistencia a las arrugas, se obtiene un tejido suave, absorbente y resistente a las arrugas.

Las fibras ecológicas

Las cuestiones relativas a la sostenibilidad ecológica están generando cambios significativos en la industria de la moda. Los nuevos avances en la obtención y elaboración de fibras animales y vegetales producen fibras ecológicas, lanas con menor densidad de fibras por metro lineal e hilaturas más finas y suaves. Se está creando un nuevo tipo de fibras funcionales y ecológicamente sostenibles gracias a los avances tecnológicos, la modificación de las técnicas de tintado y el uso de plásticos y otros materiales reciclados.

La demanda de fibras realizadas con técnicas orgánicas y materiales reciclados y biodegradables es el motivo por el que se utilizan el algodón, el lino, el cáñamo, el ramio, el maíz y la celulosa. Además de esta demanda de fibras y tejidos ecológicos, la industria está desarrollando tintes y procesos de acabado que contribuyan a ahorrar energía. La lana es una materia prima renovable, ya que se obtiene esquilando al animal, al que se mantiene vivo durante muchos años para utilizarlo como productor de lana.

Tanto estos nuevos tejidos como los más tradicionales se presentan en un sinfín de texturas, motivos y colores. Mediante el uso de la tecnología, estas nuevas fibras se mezclan con fibras tradicionales, sintéticas y artificiales, y generan infinitas combinaciones.

El movimiento por la sostenibilidad medioambiental en la moda no solo se centra en las prendas, sino también en las etiquetas y botones. Cada vez con mayor frecuencia, las etiquetas se fabrican en cuero, lana, papel y algodón orgánico; asimismo, en los botones se ha incrementado el uso de asta natural, marfil vegetal y madreperla.

Tejidos de mezcla

Los tejidos de mezcla están formados por dos o más tipos de fibras hilados entre sí. La mezcla de fibras realza las cualidades del tejido.

La mayoría de los tejidos de mezcla, diseñados para facilitar el cuidado de la prenda, tienen mayor durabilidad, una mano más suave o más suntuosa y mayor resistencia a las arrugas y al encogimiento (que, en ocasiones, se elimina) que la fibra original. El tipo y el porcentaje de fibras utilizadas en un tejido de mezcla se detallan en el tubo de cartón de la pieza de tejido.

Gracias a la tecnología actual, el tipo y el número de mezclas posibles es casi ilimitado y se pueden combinar dos fibras cualesquiera. La selección de fibras determinará las propiedades y características del tejido resultante. En la actualidad, es habitual añadir elastano a muchos tejidos, tanto de calada como de punto. Con la rápida transformación que están experimentando la producción y elaboración de fibras naturales, sintéticas y artificiales, la evolución de los tejidos es un proceso continuo.

Comprobación del contenido en fibras de un tejido

Existen leyes en todo el mundo que exigen que los tejidos en pieza se identifiquen mediante una etiqueta que muestre su contenido exacto en fibras y sus instrucciones de mantenimiento. Para manipular un tejido es importante conocer su composición, ya que el tejido puede requerir un tratamiento de encogimiento previo antes de cortarse. Esta información se suele encontrar en uno de los extremos del tubo de cartón en el que se enrolla la pieza de tejido. Si la información no existe o se ha perdido, el dependiente nos puede ayudar.

Si no conocemos la composición en fibras del tejido, podemos realizar un sencillo test de combustión para analizar las características de la misma. Las cenizas resultantes nos ayudarán a determinar la composición del tejido. Para realizar esta prueba, sujetaremos con pinzas un trozo de tejido encima de una superficie no inflamable y le acercaremos una cerilla encendida. Colocaremos la muestra de tejido directamente sobre la llama y observaremos

cómo combustiona. ¿Arde poco a poco o se apaga sola? ¿Se quema deprisa, se funde o gotea? Después, dejaremos que la muestra se enfríe y examinaremos el color y la textura de las cenizas, para ver si reproducen la forma de la urdimbre y la trama del tejido o si parecen gotas fundidas y endurecidas.

Veamos cómo responden a la combustión estas fibras:

- El **algodón** y el **rayón** arden rápido y emiten un humo blanquecino que huele a papel quemado. Generan una ceniza gris muy ligera que flota en el aire.
- El **lino** arde poco a poco y genera una ceniza ligera de color gris que conserva la forma de la urdimbre y la trama del tejido, y huele a hojas quemadas.
- La **lana** combustiona despacio, produciendo un característico olor a pelo quemado. Las cenizas de la lana se aplastan con facilidad, crujen al tacto y dejan un residuo parecido al hollín.
- La **seda** presenta una combustión similar a la de la lana y produce un olor desagradable. Su ceniza resultante es delicada, esponjosa y de color negro.
- El **bambú** arde rápidamente y deja como residuo una ceniza blanda de color marrón oscuro que huele a hojas quemadas.
- Los **tejidos sintéticos** arden con llama viva, se funden y gotean. Cuando la ceniza se enfría, puede aplastarse con los dedos, deja un residuo oleoso. Las fibras sintéticas dejan un residuo en forma de gotas negras y endurecidas o bien de masa informe y pegajosa.
- El **acetato** arde rápidamente, genera un olor a vinagre caliente y un residuo en forma de gota endurecida de contornos irregulares.

Recto hilo, contrahílo y bies

Es importante conocer los detalles básicos de la estructura de un tejido. El recto hilo y el contrahílo del tejido indican la dirección de los hilos que lo forman. El recto hilo del tejido también se denomina urdimbre o hilo, mientras que el contrahílo se conoce como trama. La intersección de recto hilo y contrahílo marca la dirección del bies. Cada parámetro presenta sus propias características que influyen en la caída y drapeado del tejido sobre el cuerpo.

Hilo del tejido (sentido longitudinal)

El hilo (o recto hilo) de un tejido siempre es paralelo a los orillos del mismo y también se conoce como urdimbre. El orillo es el borde, de trama tupida, que discurre a ambos lados del tejido en sentido longitudinal. Los hilos más resistentes forman la urdimbre del tejido, están dispuestos en sentido longitudinal y ceden menos (es decir, presentan menor elasticidad) que el contrahílo. En la mayor parte de los diseños, el hilo se sitúa en sentido vertical respecto a la prenda.

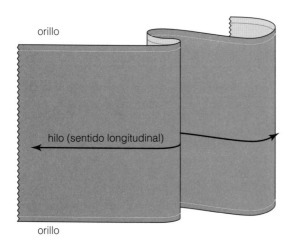

Contrahílo o través del tejido (sentido transversal)

El contrahílo es la sección del tejido dispuesta perpendicularmente respecto al hilo del tejido, es decir, de orillo a orillo. Los hilos del contrahílo forman la trama del tejido, que presenta mayor elasticidad que la urdimbre (y, por tanto, cede más). El contrahílo se dispone en sentido horizontal respecto a la prenda, confiriéndole volumen.

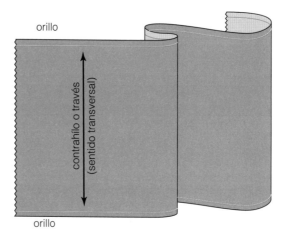

Bies

El bies posee más elasticidad (cede más) que el hilo o el contrahílo del tejido; por ello, las prendas cortadas al bies forman contornos drapeados que caen elegantemente sobre el cuerpo. Para encontrar el bies del tejido, doblaremos el hilo sobre el contrahílo de manera que el doblez forme un ángulo de 45°. La línea resultante es el bies del tejido.

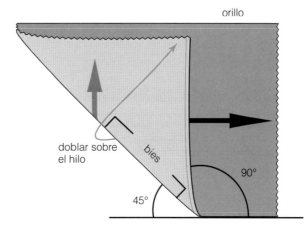

Métodos de fabricación de tejidos

Existen diversos métodos para fabricar tejidos a partir de hilaturas, fibras y filamentos. Los dos métodos más comunes son la tejeduría de calada y la tejeduría de punto.

TEJIDOS DE CALADA

El tejido de calada (o tejido plano) está formado por dos conjuntos de hilos: la urdimbre y la trama. La urdimbre está formada por los hilos, dispuestos longitudinalmente; la trama está formada por las pasadas, dispuestas en sentido transversal.

Los hilos que forman la urdimbre y la trama se entrecruzan formando ángulos rectos, dando lugar a tejidos de **ligamento tafetán** (o ligamento plano), **ligamento sarga** o **ligamento raso**. Otros ligamentos de calada incluyen la esterilla, el jacquard y el terciopelo.

Una característica común de los tejidos de calada es que se deshilachan al cortar los bordes; cuanto más floja y abierta sea la trama, más se deshilachará el borde cortado. La durabilidad suele incrementarse cuanto más tenso y tupido sea el tejido.

TEJIDOS DE CALADA MÁS HABITUALES

Los tejidos de calada más habituales incluyen la batista, el paño, el calicó, el chambray, la pana, el denim o mezclilla, la franela, la gabardina, la gasa, el crepé georgette, la guinga, el lino, la muselina, la organza, el popelín, el cloqué o sirsaca, la seda, el fil a fil, el tafetán, el tweed, el terciopelo, el velvetón y el voile.

CONSEJO DE COSTURA

El pulido de los márgenes de las costuras de los tejidos de calada garantiza la durabilidad y la facilidad de mantenimiento de la prenda. Las costuras pueden rematarse con un sobrehilado de remalladora.

LIGAMENTO TAFETÁN (O PLANO)

Cada pasada de la trama se entrecruza alternativamente por encima y por debajo de cada hilo de la urdimbre, dispuesto perpendicularmente.

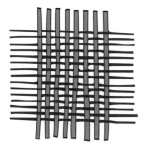

LIGAMENTO SARGA

El ligamento sarga crea líneas diagonales en el tejido. Las pasadas de la trama cruzan por encima de, al menos, dos hilos de la urdimbre antes de cruzar uno o más hilos por debajo.

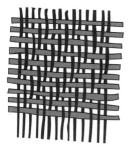

LIGAMENTO RASO

Las pasadas de la trama cruzan por encima de un hilo de la urdimbre y por debajo de varios, dando un aspecto lustroso al derecho del tejido.

TEJIDOS DE PUNTO

Una característica importante de los tejidos de punto es su capacidad de estiramiento. El género de punto se elabora entrelazando hilos que forman bucles o mallas; cualquier fibra puede tejerse para crear un tejido de punto. El aspecto de los géneros de punto varía en función de su composición y del tipo de tejido; el género de punto poseerá las prestaciones de las fibras con las que se haya tejido. Los tejidos de punto se presentan en composiciones, gramajes, texturas y motivos variados, y se emplean para confeccionar un amplio repertorio de prendas. A la hora de elegir un tejido de punto, debemos asegurarnos de que sea adecuado para el diseño en cuestión.

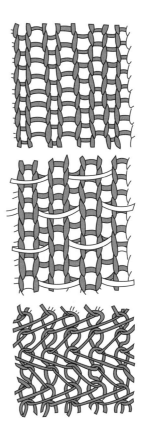

TEJIDO DE PUNTO DE FONTURA SIMPLE
Para formar una malla a lo ancho del tejido se utiliza un único conjunto de agujas.
El punto liso o punto jersey son tejidos de gramaje ligero o medio. A diferencia de los tejidos de punto de doble fontura, el punto liso o jersey posee una elasticidad de, aproximadamente, un 20% en sentido transversal. Estos géneros de punto presentan columnas planas verticales en el derecho del tejido, mientras que en el revés predominan las líneas horizontales de las pasadas. El género de punto de fontura simple suele utilizarse en la elaboración de camisetas.

TEJIDO DE PUNTO DE DOBLE FONTURA
En la elaboración del punto doble intervienen dos grupos de agujas, así se logra una apariencia similar en ambas caras del tejido. El género de punto doble presenta un gramaje entre medio y pesado, y ambas caras del género tienen el mismo aspecto. Este tejido se caracteriza por su óptima retención del cuerpo y la forma.

GÉNERO DE PUNTO
Está formado por varios bucles que se intercalan en sentido longitudinal. El tricot es un tejido de punto liso que suele elaborarse con hilaturas muy finas y que se utiliza en la confección de lencería y forros de gramaje ligero. Este tejido presenta columnas verticales en el derecho y gran elasticidad a lo ancho del género.

GÉNERO DE PUNTO COMÚN
Dependiendo de la fibra, el tricotaje y el peso, el género de punto común producirá la felpa para sudaderas, la antelina, el terciopelo elástico, el género de punto para sudaderas, el elastano de elasticidad bidireccional, el canalé y la felpa. Estos tejidos de punto pueden elaborarse en acrílico, poliéster, algodón, lana o mezclas, y se presentan en una amplia variedad de gramajes. Algunos, como la felpa, pueden elaborarse con materiales plásticos reciclados.

CONSEJO DE COSTURA

- Las variaciones en el motivo de los géneros de punto se consiguen cambiando la disposición del punto o malla básica.
- El tejido de punto liso o jersey y el tejido de punto doble, conocidos como géneros de punto por trama, presentan unas líneas verticales características (columnas) y una mayor elasticidad transversal que longitudinal.
- El tricot, conocido como género de punto por urdimbre, es menos elástico y ofrece mayor resistencia al desmallado que el género de punto por trama.

TEJIDOS ORGÁNICOS Y NATURALES

Tejidos orgánicos. La producción de tejidos orgánicos debe cumplir con una serie de requisitos: no usar pesticidas, aditivos químicos ni sustancias dañinas para la salud humana o animal, y no aplicar técnicas invasivas en la cría de animales.

Tejidos naturales. Aunque estos tejidos se elaboran con fibras naturales, no están necesariamente sometidos a los estándares de fabricación aplicables a los tejidos orgánicos mencionados. Los tejidos elaborados con fibras naturales incluyen el algodón (que proviene del algodonero), el lino (que se obtiene de la linaza o planta del lino), la lana (proveniente de la oveja) y la seda (que se obtiene del gusano de seda). Hasta el inicio del siglo xx, estos tejidos fueron los abanderados de la confección de prendas.

Tejidos tecnológicos. En la actualidad, los avances tecnológicos han dado un giro a los tejidos naturales (algodón, lino, seda y lana). La investigación detallada, la creatividad de las tejedurías, los procesos de fabricación y el uso de microfibras, tintes y mezclas de fibras han posibilitado la imitación de las fibras naturales con una fidelidad nunca vista. Además de las cuatro fibras naturales tradicionales, se han desarrollado nuevas fibras básicas (como el cáñamo y el ramio) para ser utilizadas en la elaboración de tejidos. En la actualidad se puede alterar la fibra base, tradicional o moderna, mezclarla con otras fibras, texturizarla y realzarla en la fase de acabado. La aplicación de uno o varios de estos avances técnicos confiere a los tejidos propiedades y características novedosas que los convierten en idóneos para los diseños actuales. Las combinaciones más recientes, conocidas como "tecnonaturales", incluyen, por ejemplo, las mezclas de lana y seda con poliéster.

ALGODÓN

El algodón es un tejido natural muy versátil, cuyas propiedades (asequibilidad, facilidad de mantenimiento, resistencia, durabilidad y confort) lo han convertido en la principal fibra destinada a la fabricación de prendas a nivel mundial.

Para que el cultivo del algodón llegue a buen término, es fundamental que la temporada de cultivo sea larga. La planta del algodón empieza a crecer tras producirse la caída de la flor. Cuando las bagas (o cápsulas) se abren y se ven las fibras blancas, se procede a su recolección. Las fibras de la baga se utilizan en la elaboración del hilo tras separar las semillas, que se emplean para producir aceites y otros productos derivados.

Existen diferencias fundamentales entre el algodón producido de manera tradicional y el algodón orgánico, ya que este debe cumplir los estándares de producción y los procesos de acabado que se aplican a la producción de tejidos orgánicos. Debido a estas diferencias, el algodón orgánico es caro si se compara con el algodón producido mediante técnicas tradicionales, aunque esta disparidad en el precio podría desaparecer, ya que las grandes empresas de confección han comenzado a utilizar mezclas de algodón orgánico con otras fibras.

CLASIFICACIÓN DE LOS TEJIDOS DE ALGODÓN

Algodones ligeros: batista, chifón, gasa, linón, organdí, voile. Estos tejidos se emplean en la confección de vestidos o trajes de noche, prendas con superposición de capas, y forros y estabilizadores.

Algodones de gramaje medio: bouclé, chambray, chintz (algodón pulido), damasco, denim o mezclilla, franela, gabardina, guinga, muselina, algodón camisero, piqué, plissé, popelín, cloqué o sirsaca, sarga y velvetón. Estos tejidos se utilizan para confeccionar prendas deportivas y de estilo informal, camisería masculina, ropa infantil, ropa de noche, blusas y vestidos.

Algodones pesados: bouclé, brocado, chenilla, pana, damasco, denim, lona, gabardina, matelassé, rizo, sarga, antelina, terciopelo y velvetón. Estos tejidos se emplean en la confección de trajes de noche, ropa deportiva, vestidos, americanas, ropa de dormir, prendas de sastrería y ropa infantil.

LINO

El lino, que proviene de la planta de la linaza, se ha utilizado para elaborar tejidos durante más de cuatro mil años. El lino se cultiva en muchas partes del mundo, lo que lo convierte en una de las materias primas más fáciles de obtener para la producción de tejidos.

El tejido de lino presenta una característica estructura irregular. Su tacto es frío y seco, porque puede absorber hasta veinte veces su propio peso antes de humedecerse. La fibra posee un núcleo hueco que mantiene la humedad alejada del cuerpo, lo que contribuye a inhibir el desarrollo de moho y hongos, y confiere al tejido propiedades antibacterianas. El tejido acabado puede tener una apariencia más rústica que el algodón o presentar una superficie suave, con trama y urdimbre de aspecto uniforme, como sucede con el lino fino irlandés, el lino belga, o el lino para pañuelos de bolsillo. El lino es resistente y duradero, y mejora con el uso y los lavados; asimismo, es biodegradable, no destiñe, es resistente al apolillamiento, es hipoalergénico y admite los tintes. Aunque se arruga con facilidad, es resistente al desgaste y a la abrasión.

CLASIFICACIÓN DE LOS TEJIDOS DE LINO
Lino ligero: gasa de lino y lino para pañuelos. Adecuado para confeccionar vestidos de noche, blusas y faldas.

Lino de gramaje medio: Indicado para la confección de blusas, vestidos y ropa infantil.

Lino pesado: indicado para pantalones, vestidos a medida, ropa deportiva, americanas, trajes y abrigos.

SEDA
Durante siglos, la seda se ha considerado el tejido más lujoso. La seda es una fibra versátil, creada por el minúsculo gusano de seda, que puede tejerse para formar el más ligero de los chifones, un satén brocado de ornamentación pesada o un acolchado. Como sucede con todas las fibras naturales, en diferentes partes del mundo se producen diversos tipos de seda. Aunque muchos tejidos admiten los tintes, ninguno puede compararse al intenso y rico lustre de la seda que, además, es suave, duradera, absorbente y de aspecto delicado. Aunque la seda es resistente a las arrugas (particularmente la de gramaje medio y la seda pesada), tiende a generar electricidad estática.

Los gusanos de seda son las larvas u orugas de la polilla de la seda, originaria del norte de China. En la producción de seda, las bandejas que contienen los capullos del gusano de seda se exponen a altas temperaturas, de forma que el gusano muere antes de que eclosione la crisálida, preservando así las valiosas fibras de seda en el interior del capullo. Un solo capullo produce entre 300 y 600 m de filamento de seda, y para fabricar 400 gramos de seda se necesitan entre dos mil y tres mil capullos. La calidad de los filamentos devanados y las técnicas utilizadas en el torcido de los mismos determinarán la calidad de la fibra de seda.

La seda pura puede tintarse en multitud de colores, con lo que se lograrán estampados vivos y delicados sombreados en tejidos de ligamento jacquard. Muchas de las sedas ligeras y de gramaje medio pueden lavarse a mano con cuidado y secarse tendidas; sin embargo, en el caso de la seda pesada y de la prendas de seda hechas a medida se recomienda la limpieza en seco.

Sedas ligeras: chifón, gazar, crepé georgette, malla de seda, organza, tul, batista de seda y seda de China. Son idóneas para la confección de trajes de noche, blusas y faldas, y forros para prendas hechas con sedas más pesadas.

Sedas de gramaje medio: Sedas suaves y fluidas: crepé de China, charmeuse o piel de ángel, crepé satén, terciopelo, punto jersey y jacquard. Sedas con cuerpo: tafetán, satén y brocado. Las sedas fluidas son indicadas para la confección de vestidos, trajes de noche, y pantalones, faldas y chaquetas vaporosos. Las sedas con cuerpo, más suntuosas y pesadas que otras sedas de gramaje medio, son idóneas para confeccionar trajes de novia, trajes de madrina y trajes de noche.

Sedas pesadas/con textura: dupión, shantung, sarga, tweed y seda salvaje. Estas sedas presentan una superficie de textura característica, que se consigue mediante el uso de fibras de seda variadas y de diversas técnicas de tejeduría, y están indicadas para la confección de prendas de sastrería, pantalones, ropa deportiva y trajes de noche.

CONSEJO
DE
COSTURA

Para coser seda, debemos usar agujas muy afiladas y sin defectos, así como instrumentos de corte bien afilados, para evitar enganchones en el tejido.

LANA

Durante siglos, las fibras animales se utilizaron para elaborar prendas hasta que se inventó la agricultura. La lana se obtiene de ovejas, cabras, conejos y de otros animales, como el camello y la alpaca. El cachemir se obtiene de las cabras originarias de la región india del Cachemir. La lana de alpaca proviene de la alpaca, miembro de la familia de los camélidos; las cabras de Angora producen las fibras de mohair, y los conejos de Angora producen la fibra homónima.

Los nuevos procesos de hilado han contribuido al desarrollo de las fibras de lana de oveja, cuyo grosor en micrones ha disminuido progresivamente, confiriendo a la fibra un tacto más suave. La creación de esta fibra de lana ha dotado al tejido de suntuosidad, lustre, tacto sedoso, fluidez, capacidad para el drapeado y confort. Las nuevas técnicas de hilatura a chorro de aire producen tejidos etéreos e increíblemente livianos, y han visto reducido su gramaje hasta casi la mitad.

Las fibras de lana animal son cálidas, suaves y duraderas, resistentes a las arrugas y a la combustión. Además, son fáciles de confeccionar y adaptar. Mantienen la humedad alejada del cuerpo, y permiten que el usuario se mantenga seco. La fibra de lana animal absorbe hasta el 30% de su peso antes de adquirir un tacto húmedo; no obstante, la lana se debilita y sufre estiramientos al mojarse. Asimismo, la lana se apelmaza cuando se expone a la humedad, el calor y la presión.

Lanas ligeras: paño fino y chalís. Indicadas para la confección de trajes de noche, vestidos, bufandas, faldas, tops y pantalones.

Lanas de gramaje medio: franela, gabardina, sarga de espiga, pata de gallo, tweed y estameña. Idóneas para trajes y abrigos, tanto masculinos como femeninos, prendas de sastrería, faldas, pantalones, ropa deportiva, ropa de recreo y prenda exterior deportiva.

Lanas pesadas: loden, tweed y muletón. Indicados para confeccionar abrigos y prendas exteriores.

Otras fibras naturales

A los abanderados seculares de la industria de la confección (el algodón, el lino, la seda y la lana) recientemente se han sumado otras fibras naturales. La tecnología moderna ha permitido el desarrollo y la introducción de otros tejidos naturales como el ramio o el cáñamo. Estos nuevos tejidos se han ido incorporando progresivamente a la industria de la confección de prendas, ya que son fibras que, además, pueden combinarse con otras, tanto naturales como sintéticas, para crear tejidos singulares y novedosos.

RAMIO

El ramio es una de las fibras vegetales más antiguas, y se ha utilizado durante miles de años. Las fibras deben someterse a un tratamiento químico para eliminar las gomas y pectinas presentes en la corteza de la planta. Las fibras de ramio se convierten en tejido mediante un proceso similar al que se aplica para transformar la linaza en lino. El ramio se suele mezclar con otras fibras para aprovechar al máximo su singular resistencia y capacidad de absorción, lustre y afinidad tintórea. Las fibras más habituales en las mezclas de ramio son el algodón, la lana, el rayón, la seda y el poliéster. Entre las propiedades del ramio se cuentan la resistencia a las bacterias y al mildiu, la capacidad de absorción, la resistencia a las manchas y a la humedad, el aspecto lustroso y uniforme (que mejora con el lavado), el mantenimiento de la forma, la resistencia al encogimiento y a la abrasión ligera, y la durabilidad. El ramio posee poca elasticidad, se arruga y es más rígido que el lino.

CÁÑAMO

La fibra de cáñamo se obtiene de la planta cannabis sativa y es una de las más resistentes y duraderas de entre las fibras textiles naturales. Además, el cáñamo retiene la forma, ya que posee menos elasticidad que cualquier otra fibra natural. Conocido por su durabilidad, el tejido de cáñamo es cómodo de utilizar, presenta un buen drapeado y puede mezclarse con una amplia variedad de fibras naturales y sintéticas.

El cáñamo es resistente al moho, posee buena afinidad tintórea, es muy absorbente y se suaviza con el uso y el lavado. El cáñamo también resiste a los rayos ultravioletas; su naturaleza porosa le permite "transpirar", por lo que conserva un tacto fresco en condiciones meteorológicas cálidas y, viceversa, atrapa el aire (y el calor corporal) en las fibras, por lo que las prendas realizadas con cáñamo resultan cálidas en temperaturas frías.

FIBRAS ARTIFICIALES DE ORIGEN VEGETAL

EL BAMBÚ

El bambú es uno de los tejidos de reciente incorporación en la industria de la confección textil, donde se emplea para fabricar prendas de prêt-à-porter. La fibra está elaborada en su totalidad con bambú y produce buenas mezclas con una gran variedad de fibras naturales y sintéticas. Las características de este tejido son las siguientes: mano suave, buen drapeado, absorbencia, facilidad para el tintado y buena retención del color. Como sucede con el cáñamo, el tejido de bambú es antibacteriano y proporciona cierta protección natural contra los rayos ultravioletas; por ello, el tejido de bambú resulta indicado para cierto tipo de prendas, como la ropa de baño y la ropa interior.

RAYÓN

El tejido de rayón se elabora combinando pulpa de madera con una mezcla de sustancias químicas. El rayón posee propiedades similares a las del algodón, el lino o la seda; es suave, puede drapearse y posee afinidad tintórea. Los dos tipos de tejido de rayón más habituales son el rayón viscosa, que se debilita al humedecerse, lo que provoca que encoja y se vuelva inestable, y el modal (o rayón polinósico), la variedad más resistente, que es más estable en presencia de humedad. El uso de microfibras de rayón produce un tejido con un drapeado mejorado, de mano y aspecto sedosos.

El rayón es absorbente, transpirable, antiestático, suave y resistente a la abrasión. Puede tintarse, aunque se arruga con facilidad. El rayón suele mezclarse con una amplia variedad de fibras y se utiliza en casi todas las categorías de prendas de prêt-à-porter. Aunque los fabricantes suelen recomendar su limpieza en seco, el rayón puede lavarse a mano o a máquina con cuidado, con un jabón suave para manos y secarse al aire.

LYOCELL

El lyocell (que se comercializa bajo la marca Tencel, Lenzing Textile Fibers, en Estados Unidos, es su principal fabricante) es un tejido artificial derivado de la pulpa de celulosa. No se considera un tejido natural porque se fabrica utilizando nanotecnología. Suele mezclarse con una gran variedad de fibras. El lyocell se conoce por ser la primera fibra resultante de la aplicación de los avances en nanotecnología.

El lyocell es absorbente, transpirable, biodegradable, suave y resistente, puede tintarse y resiste a las arrugas, aunque también es famoso por su mano y su aspecto suntuosos, razón por la cual lo utilizan muchos de los grandes diseñadores para fabricar sus prendas. Las prenda final realizada en lyocell debe limpiarse en seco o lavarse a mano con cuidado, y secarse al aire. El lyocell presenta un 3 % de encogimiento en el primer lavado.

FIBRAS QUÍMICAS

El desarrollo de las fibras químicas tiene su origen en la búsqueda de un tejido sustitutivo de la seda. El acetato y el rayón fueron las primeras fibras químicas disponibles en el mercado, seguidas por el nailon, el acetato, el acrílico, el poliéster, el elastano y el lyocell.

Las fibras sintéticas tuvieron una rápida aceptación, pues eran más económicas que la mayoría de las fibras naturales. Por regla general, las fibras sintéticas no son absorbentes, aunque son duraderas, se secan rápidamente, resisten a las arrugas y al encogimiento y pueden tintarse. Los tejidos sintéticos se presentan bajo un gran repertorio de texturas y formas, incluyendo los tejidos texturizados, plisados, arrugados, con aplicaciones y metalizados.

NAILON

El término *nailon* es el denominador común de la familia de polímeros sintéticos conocidos genéricamente como *poliamidas*. El nailon, una de las primeras fibras químicas, comenzó a producirse para consumo comercial en 1939. Hacia 1940 se utilizaba para fabricar géneros de punto de calcetería y, durante la Segunda Guerra Mundial, su uso se generalizó para fabricar paracaídas, chalecos antimetralla, uniformes y ruedas.

El nailon es ligero, muy resistente y duradero, y admite el drapeado. Aunque tiende a generar electricidad estática y no es transpirable, se seca muy rápido. El nailon produce óptimas mezclas con muchas otras fibras y dan como resultado una durabilidad más prolongada, capacidad del tejido para retener la forma y resistencia a la abrasión. A menudo el nailon se combina con terciopelo y otros tejidos afelpados para eliminar o reducir el aplastamiento del pelo. El nailon se utiliza en calcetería, ropa interior y deportiva, chaquetas, pantalones, faldas, chubasqueros y ropa infantil.

ACETATO

El acetato fue desarrollado a principios del siglo xx. Su base es la celulosa, que se obtiene del algodón o de la pulpa de madera. En 1924, DuPont desarrolló la fibra de filamento de acetato, comercializado bajo la marca Celanese. El tejido de acetato es reluciente y presenta un aspecto sedoso, un buen drapeado y una óptima afinidad tintórea. Debido a su resistencia al encogimiento, al apolillamiento y al moho, se utiliza para fabricar forros y trajes de noche. El acetato suele mezclarse con otras fibras para reducir el *pilling* de las mismas.

ACRÍLICO

El acrílico fue producido comercialmente por primera en la década de 1950, como fibra desarrollada a partir de un polímero sintético que imitaba a la lana. El acrílico es un tejido suave y agradable que drapea bien, admite los tintes, es transpirable, y absorbe y libera humedad rápidamente. Es cómodo de llevar, resistente al apolillamiento, no destiñe y de fácil mantenimiento. El aspecto del acrílico es similar al de la lana, el algodón o las mezclas de ambos; sin embargo, puede sufrir abrasiones y frisado, y generar electricidad estática. El acrílico suele utilizarse en la fabricación de prendas de punto, incluyendo suéteres, calcetines, forros polares y prendas deportivas.

POLIÉSTER

El poliéster se fabrica a partir de polímeros sintéticos y fue producido por primera vez para uso comercial en 1953. El tejido de poliéster presenta una alta resistencia a las arrugas y retiene bien la forma. Es un tejido resistente, con una mano suave, que seca rápidamente y puede ser termoconformado para crear plisados u otras formas de manera permanente. Sus requisitos de mantenimiento son mínimos y puede lavarse. El poliéster puede adoptar todo un abanico de apariencias y, por ejemplo, imitar a la seda o convertirse en fibra hueca como relleno de almohadas y edredones. El poliéster combina con otras fibras, mejora la durabilidad de las mismas, aumenta su resistencia a las arrugas, elimina o reduce el aplastamiento de los tejidos de pelo y reduce la decoloración de la prenda por el uso.

ELASTANO

El elastano o spandex es una fibra sintética inventada en 1959. Posee propiedades elásticas y puede estirarse hasta seiscientas veces su superficie, volviendo a recuperar su forma original. Además de la comodidad que proporciona al usuario y de la flexibilidad que le caracteriza, este tejido presenta una buena afinidad tintórea. La presencia de elastano en un tejido le confiere elasticidad y capacidad de estiramiento. Aunque el elastano suele utilizarse en las prendas para actividades al aire libre y en la ropa de baño, su presencia en prendas de uso cotidiano, prendas deportivas, ropa infantil y trajes de noche es cada vez mayor.

Tejidos de mezcla

Las mezclas textiles están formadas por dos o más fibras de diferente tipo que se tuercen o se hilan juntas para mejorar las cualidades de los tejidos. La fibra presente en el tejido en mayor porcentaje determinará las características y propiedades del mismo; así, por ejemplo, un tejido con un 70 % de algodón y un 30 % de poliéster poseerá más características propias del primero que del segundo. Gracias a la tecnología actual, el tipo y número de mezclas puede casi ser ilimitada. Cualquier fibra puede combinarse con otra. La selección de fibras determinará las propiedades y características del tejido resultante.

La mayoría de los tejidos de mezcla, diseñados para facilitar su mantenimiento, poseen mayor durabilidad, una mano más suave o suntuosa y mayor resistencia a las arrugas que las fibras originales que lo componen; los tejidos de mezcla, además, reducen o eliminan el encogimiento. El tipo y el porcentaje de cada fibra de la composición se indica en el tubo de cartón de la pieza tejido.

En la actualidad, suele ser habitual añadir elastano a muchos tejidos de calada y géneros de punto. La evolución en el desarrollo de tejidos es continua, gracias a los rápidos cambios que experimentan la producción y elaboración de fibras naturales, sintéticas y artificiales.

Tejidos con pelo o afelpados

TEJIDOS CON PELO

Los tejidos con pelo son tridimensionales, y presentan superficies formadas por hilos, cortados o formando bucles, que sobresalen perpendicularmente de un fondo de tejido de calada o de punto: algunos simulan la apariencia de las pieles auténticas. Los tejidos de pelo son bellos, funcionales, duraderos y proporcionan una calidez adicional; pueden fabricarse a partir de varias fibras y mezclas. Los tejidos de pelo incluyen el bouclé, la chenilla, la pana, las pieles sintéticas, el forro polar, el rizo, la antelina, el velvetón y el terciopelo.

TEJIDOS AFELPADOS

Los tejidos afelpados poseen una capa externa formada por finos extremos de fibras dispuestos en una dirección, que dan forma a la suave superficie del tejido. Los extremos de las fibras pueden estar recortados, cardados o sobresalir perpendicularmente de su superficie. La franela, el forro polar, el muletón, los tejidos perchados o napados, el pelo de camello y todos los tejidos con pelo son ejemplos de tejidos afelpados.

INSTRUCCIONES PARA EL CORTE DE TEJIDOS CON PELO O AFELPADOS

Al cortar tejidos de pelo o afelpados hay que colocar las piezas en la marcada con el sentido del pelo del tejido orientado en una dirección. Este método también se emplea para cortar tejidos estampados con motivos unidireccionales. Cortar los canesúes, cuellos, detalles de los bolsillos o puños a contrapelo provocará un efecto de contraste (véase la sección "Cómo conseguir un corte preciso" en la página 75).

Los tejidos con pelo o afelpados suelen cortarse con el sentido del pelo orientado hacia el bajo de la prenda. A la hora de escoger el sentido del pelo, cortaremos las piezas principales en la misma dirección. Cortar el tejido con el pelo orientado hacia arriba suele provocar texturas diferentes y colores más intensos.

Encaje

El encaje es un tejido de red cuya estructura está formada por hilo. Se trata de un tejido calado, y sus agujeros se forman a medida que se teje el encaje o al entresacar hilos de un tejido plano. El encaje se forma al hacer bucles, torcer o trenzar el hilo con otros hilos independientes, sin que exista un tejido de fondo. Tradicionalmente, los hilos de lino y seda y el hilo metálico se han utilizado para fabricar encaje.

En la actualidad, el encaje se utiliza en todo tipo de prendas, desde las más informales hasta los trajes de noche. El encaje puede utilizarse como único tejido de la prenda, combinarlo con otros tejidos o formar superposiciones sobre el tejido principal de la prenda.

En la actualidad, el algodón y las mezclas de fibras se utilizan al fabricar encaje. Los diseños pueden ser planos y sencillos, o incorporar hilos metálicos, hilos en relieve, pasamanería y bordados; para elaborar un encaje que se amolde al cuerpo se utiliza hilo elástico. Todos los tejidos de encaje presentan motivos característicos que deben tenerse en cuenta a la hora de cortarlo y coserlo. Existen diversos tipos de encaje que varían en función del tipo y del gramaje del hilo, del diseño y del material sobre el que se aplica el hilo.

A la hora de coser tejidos de encaje, seleccionaremos cremalleras invisibles provistas de cintas de encaje que nos ayudarán a disimularla.

FORROS

Un forro es el duplicado de una prenda confeccionado en un tejido adecuado y unido posteriormente a esta. El forro confiere a la prenda cuerpo y durabilidad, además de un acabado interior más atractivo.

Las tejedurías actuales han desarrollado nuevos tipos de forros; los más novedosos se fabrican con microfibras que se tejen en ligamento sarga tradicional, en punto ligero de tipo interlock o en franela de algodón sobre base de nailon. Los diferentes tipos de tramas facilitan el vestir de la prenda, realzan el aspecto general del diseño, hacen que la prenda sea más transpirable y proporcionan calidez cuando es necesario.

 CONSEJO DE COSTURA Utilizaremos hilo de poliéster recubierto de algodón o hilo de algodón mercerizado y agujas de tamaño 11/75.

Pautas para la selección de forros

A la hora de escoger un tejido para forro, debemos asegurarnos de que su calidad es la que requiere tanto el diseño como el tejido de la prenda que se va a forrar. Color, textura, gramaje, composición, tipo de tejido y acabado deben tenerse en cuenta a la hora de elegir el forro. Los tejidos para forro suelen ser más ligeros que el tejido exterior de la prenda, y así se evita que esta se deforme.

Entre los tejidos para forros más habituales se encuentran el rayón acetato, el poliéster 100 %, el algodón 100 %, el nailon 100 %y la seda 100 %. También se usan mezclas como el rayón/poliéster, el algodón/nailon, el poliéster/nailon y la seda/poliéster. A modo de ejemplo, una blusa confeccionada en un tejido estampado transparente puede ir forrada en una de las mezclas ligeras recientemente desarrolladas, como el tejido interlock de poliéster/algodón.

TABLA 2.1 Pautas para la selección de forros

GRAMAJE DEL FORRO	TEJIDOS MÁS HABITUALES	CARACTERÍSTICAS	CONSEJOS DE MANTENIMIENTO
Forros ligeros utilizados para americanas de traje, abrigos, pantalones y faldas de corte sastre.	Algodón 100 % o con mezcla de poliéster	Se deshilacha y puede rasgarse en las costuras.	Lavar a máquina. Puede ser necesario preencogerlo o limpiarlo en seco.
	100 % acetato	Acabado uniforme y pulido. Se deshilacha y puede rasgarse en las costuras.	Limpiar en seco.
	Mezcla de acetato de poliéster y rayón	Acabado uniforme. Se deshilacha y puede rasgarse en las costuras.	Lavar a máquina y limpiar en seco.
	Crepé de poliéster	Resistente y duradero.	Lavar a máquina y secar en secadora. Planchar a baja temperatura.
	Crepé satén de rayón o acetato	Suave y flexible, con más cuerpo que el acetato.	Limpiar en seco.
Forros de gramaje medio utilizados para forrar vestidos con corpiño o trajes de noche.	Satén (de poliéster o de acetato) o tafetán (de acetato o de poliéster)	Confiere cuerpo a la prenda y mantiene la forma. Suave y duradero.	Poliéster: lavar a máquina. Acetato: limpiar en seco.

ENTRETELAS

Como sucede con el tejido exterior de la prenda, las entretelas se elaboran utilizando diversas fibras y variados métodos de tejeduría. Las entretelas deben responder al gramaje, mano y elasticidad del tejido de la prenda. La finalidad de la entretela es permitir que la prenda mantenga su forma y dar cuerpo a determinadas partes de la misma.

Pautas para la selección de entretelas

La entretela elegida no debe alterar el peso de la prenda o interferir en su aspecto final. No hay que elegir la entretela por el tacto, ya que todas sus propiedades experimentarán cambios cuando se combine con el tejido principal. Elegiremos la entretela en función de su composición, tipo de tejido, acabado (termoadhesiva o cosida), color y gramaje. En la tabla 2.2 de la página siguiente se describen los cinco tipos de entretelas existentes y se ofrecen las pautas necesarias para seleccionar la entretela idónea a la hora de complementar la apariencia, la durabilidad, el mantenimiento y la comodidad de una prenda.

Composición

La entretela puede fabricarse a partir de fibras naturales (como el algodón) o artificiales (como el nailon, el poliéster o el rayón). La mayor parte de las entretelas están formadas por mezclas de fibras naturales y artificiales en diversas proporciones; la composición de las entretelas se encuentra en evolución constante gracias a las nuevas tecnologías. Escoger una entretela que resulte compatible con el tejido principal garantiza que la prenda final poseerá los estándares deseados por lo que se refiere a mantenimiento, encogimiento y posibilidad de lavado; y viceversa, una elección errónea de la entretela puede provocar daños en el tejido principal. Por ejemplo, la entretela de nailon 100 % deforma los tejidos de elastano o denim elástico, mientras que la entretela de mezcla nailon/poliéster es idónea para tejidos de rayón 100 %, algodón 100 % o lana chalís 100 %.

Tipo de tejido

La entretela se elabora utilizando alguno de estos cinco procesos de tejeduría:

1 **Entretela tejida:** tiene estructura de urdimbre y trama, e incluye varios tipos de tejido, como el linón, la batista, la tarlatana, el siri, el organdí y el lienzo, disponible en una amplia selección de gramajes y colores.

2 **Entretela de punto por trama:** combina los procesos de tejido y tricotado. La hilatura de punto se tricota con poca tensión siguiendo

el sentido de la trama sobre una urdimbre tradicional. Las entretelas de punto por trama se han utilizado durante muchos años en la industria de la confección y poco a poco están introduciéndose en el mercado de la costura doméstica. Las entretelas de trama abierta se utilizan, principalmente, como refuerzo del delantero de abrigos y americanas. Las entretelas más ligeras y de trama más cerrada se emplean, primordialmente, en combinación con la seda y los tejidos sintéticos. Las entretelas de punto por trama están sustituyendo a la entretela de crin.

3 **Entretela de inserción en trama:** es una entretela no tejida que presenta una trama inserta a contrahílo. Las fibras no tejidas se disponen en el sentido del hilo y una hilatura se tricota con poca tensión en el sentido de la trama. La desventaja de la entretela de inserción en trama es que se rasga con facilidad. Esta entretela no se utiliza en la industria de la moda, pues no cumple con los estándares de funcionalidad que esta requiere.

4 **Entretela de punto:** suele tratarse de un tejido de punto por trama con una composición de 100 % nailon resistente al desmallado. Es una entretela ligera y confortable al tacto. Las entretelas de punto, como el tricot termoadherente o la entretela de punto de la marca Easy Knit, se utilizan en géneros de punto, ya que se estiran en todas direcciones y son más flexibles que otros tipos de entretela. La mayoría de las entretelas de punto son termofusibles.

CONSEJO DE COSTURA

En la industria de la moda, las entretelas no se someten a un proceso de preencogimiento. Por eso, todas las entretelas que se utilizan en confección industrial incluyen poliéster o nailon en su composición para prevenir encogimientos.

5 **Entretelas no tejidas** Las entretelas no tejidas se consideran tejidos aglomerados. Estas entretelas se elaboran adhiriendo fibras entrecruzadas, mediante la aplicación de calor o de calor y presión, hasta formar un tejido, lo que les proporciona elasticidad transversal y gran capacidad de recuperación de la forma. Su aspecto y tacto son similares al de un tejido plano. Las entretelas no tejidas van desde las muy finas o transparentes hasta las más consistentes, se encuentran en una gran gama de colores y están especialmente diseñadas para combinar de manera óptima con tejidos ligeros o de gramaje medio.

Cada tipo está disponible como entretela para coser o termoadherente. Las propiedades de la entretela varían desde el momento en que se cose o se termoadhiere al tejido. La tabla 2.2 es una guía de referencia muy útil a la hora de seleccionar entretelas.

CONSEJO DE COSTURA **A la hora de cortar entretela no tejida, dispondremos todas las piezas del patrón sobre la misma siguiendo el sentido del hilo para asegurarnos de que el tejido y la entretela se comporten igual que un tejido de calada por lo que respecta al hilo, contrahílo y bies.**

TABLA 2.2 Cinco tipos de entretela utilizados habitualmente en la confección de moda

TIPO DE ENTRETELA	COLOR	ACABADO	DESCRIPCIÓN
De punto por trama – mezcla de poliéster/rayón	Blanco y negro	Fusible	Se aplica en los delanteros de las americanas femeninas y en tejidos con un gramaje adecuado para vestidos. Presenta una mano suave, adaptable y versátil.
No tejida – entretela universal de poliéster/nailon	Blanco y gris	Fusible	Posee las mismas propiedades que un tejido de calada por lo que se refiere al hilo, contrahílo y bies. Da buen resultado con prácticamente cualquier tejido, en particular con el rayón 100 %, los algodones para camisería y las mezclas. La cola de esta entretela está especialmente diseñada para aplicarse sobre rayón y otros tejidos que dificultan la termoadherencia.
De punto para géneros de punto – 100 % nailon	Blanco y negro	Fusible	Posee una suavidad y una capacidad para el drapeado únicas, lo que la convierte en la tela ideal para usarse junto a una amplia gama de géneros de punto. Se fusiona con facilidad y ofrece un rendimiento óptimo con tejidos de punto. NOTA: La mayoría de los diseños en género de punto no requieren entretelado, se rematan con punto canalé.
De punto - 100 % poliéster	Blanco y negro	Fusible	Elaborada con fibras muy finas en trama de punto no elástico, es suave, estable y muy fina. Indicada para georgettes y tejidos finos o muy ligeros; también resulta una buena elección para linos y sedas.
Tejida – 100 % algodón	Blanco y negro	Fusible	Excelente entretela termofusible tejida que puede utilizarse en una amplia gama de tejidos de calada ligeros y de gramaje medio, incluyendo la pura lana peinada y las mezclas. No es indicada para tejidos finos o para filamentos 100 % químicos, como el acetato y el nailon.

Gramaje

El gramaje del tejido es un factor fundamental a la hora de seleccionar la entretela, ya que está relacionado con la textura, el cuerpo y el drapeado de la misma. El tipo de tejido, su composición, y la cantidad y tipo de adhesivo utilizados en su elaboración pueden provocar diferencias significativas entre los diversos tipos de entretela.

Entretelas fusibles y no fusibles

La entretela no fusible, o entretela cosida, es un tejido sin adhesivo disponible en colores y gramajes variados. Se añade al tejido mediante un hilván o un remallado a máquina.

La entretela fusible presenta un adhesivo sensible al calor en una de sus caras. Las entretelas fusibles reaccionan de manera diferente según la cantidad y el tipo de cola distribuida por su superficie, ya que el número de gránulos de cola por centímetro cuadrado y el tamaño de los mismos varía según la entretela. Así, los gránulos finos tienen un tamaño de unos 30 mesh, mientras que un gránulo más grueso puede tener un tamaño de 17 mesh. La entretela de 30 mesh contiene un gran número de gránulos de cola de pequeño tamaño por cada 2,5 cm, lo que permite su uso con tejidos finos y ligeros. La entretela de 17 mesh presenta menos gránulos de cola, pero de mayor tamaño; por tanto, podrá utilizarse en tejidos pesados o de gramaje medio. Los gránulos de cola de gran tamaño que aparecen espaciadamente sobre algunas entretelas fusibles pueden endurecer y dejar marcas en el tejido principal; sin embargo, otras colas reaccionan de manera óptima al fundirse con el tejido, manteniendo la calidad del mismo y confiriendo el cuerpo deseado a la prenda acabada.

Es importante hacer una prueba con la entretela fusible sobre un pequeño trozo de tejido para comprobar que no queda demasiado aprestada o rígida y que la cola no traspasa la superficie del tejido principal.

El preencogimiento de entretelas

En la industria de la confección, las entretelas no se someten a un proceso de preencogimiento, ya que todas contienen poliéster o nailon en su composición para garantizar que no se produce ningún tipo de encogimiento en la prenda acabada. Como referencia, las primeras cuatro entretelas que aparecen en la tabla 2.2 se utilizan en la industria de la moda y no necesitan preencogerse; por tanto, someter la entretela a un proceso de preencogimiento no es necesario si se siguen las directrices recomendadas a la hora de elegirla.

El preencogimiento está recomendado en todas las entretelas que no contengan fibras de poliéster o de nailon. Para preencoger una entretela, la doblaremos con cuidado por la mitad encarando los reveses, y la sumergiremos en agua caliente durante veinte minutos; después la sacaremos del agua y la extenderemos sobre una toalla, eliminando el exceso de agua con pequeños toques. Colocaremos la entretela sobre una superficie seca y ventilada hasta que se seque completamente. En el caso de prendas que deban limpiarse en seco, podemos dar vapor a la entretela con la plancha, y así evitaremos que ambas entren en contacto, ya que la entretela podría deformarse.

CONSEJO DE COSTURA

- El entretelado en bloque es un proceso que consiste en seleccionar todas las piezas del patrón que requieran entretelado. Después, se calcula el metraje de entretela necesario a tal efecto y se corta el mismo metraje en el tejido principal; se coloca la entretela sobre el revés del tejido y se plancha con vapor. Así, el tejido y la entretela se cortan al mismo tiempo, y se evita que las distintas piezas se deformen.
- Fusionaremos la entretela con el revés del tejido y después cortaremos las piezas del patrón que requieran entretelado.

Entretelaremos en bloque el metraje necesario para las vistas. Después, cortaremos las vistas y la entretela, ya unidas entre sí, al mismo tiempo.

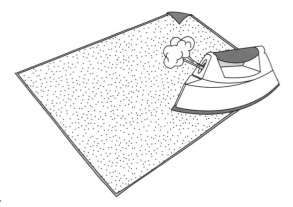

Cómo adherir la entretela fusible

La entretela fusible se aplica mediante un proceso de termofijado. La mayoría de las planchas poseen un selector de temperaturas que va desde la baja hasta la alta temperatura. Si la plancha está demasiado fría, quizá no consiga fusionar la entretela; por tanto, comprobaremos la temperatura de la plancha sobre pequeñas muestras del tejido de la prenda y de la entretela.

1 Cortaremos la entretela. Encararemos la cara cubierta de adhesivo con el revés de la pieza de tejido que deba entretelarse.

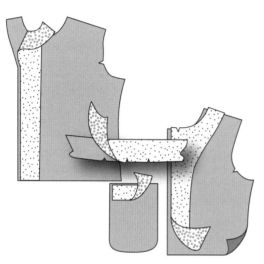

2 Utilizando una plancha de vapor, aplicaremos la entretela sobre el tejido levantando la plancha y aplicando vapor por secciones. Si la entretela no se adhiere al tejido, utilizaremos un lienzo de planchar humedecido que colocaremos entre la plancha y la entretela para generar más vapor, manteniendo la plancha en modo vapor y aplicando presión.

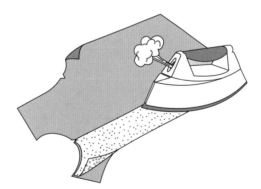

3 Remataremos el borde exterior de la vista con la remalladora, con pespunte a máquina en zigzag o con un dobladillo de 6 mm, y doblaremos el borde exterior de la vista sobre la entretela.

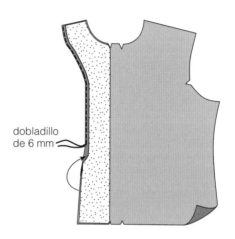

dobladillo de 6 mm

CONSEJO DE COSTURA

- Cuando la entretela confiere un acabado aprestado a las piezas de la prenda, el contenido en cola de la entretela no es el adecuado para el tejido. Por tanto, deberemos escoger una entretela con menos cola.

- Si la entretela no se adhiere al tejido, el vapor y la presión aplicados al planchar la entretela sobre el tejido son insuficientes. Utilizaremos un lienzo de planchar humedecido que colocaremos entre la plancha y la entretela para generar más vapor; alternativamente, utilizaremos un centro de planchado con depósito. Mantendremos la plancha en modo vapor y añadiremos presión. El vapor y la presión fundirán la cola sobre el tejido; si la cola no se funde, la entretela no se adherirá a la prenda.

Cómo adherir entretela cosida (o de picar)

La entretela cosida, también llamada entretela de picar, no contiene cola. Se une a la prenda mediante un hilvanado o un remallado hechos a máquina.

1 Cortaremos la entretela. La sujetaremos con alfileres al revés de la prenda o de la vista, y colocaremos el borde de la entretela a lo largo del borde exterior de la prenda.

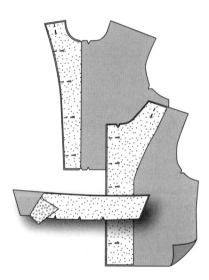

2 Coseremos a máquina a una distancia de 6 mm del borde exterior.

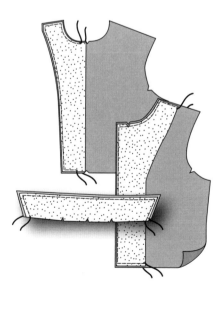

3 Si es necesario, coseremos el borde suelto de la entretela al revés del tejido mediante un pespunte a máquina o con punto de escapulario.

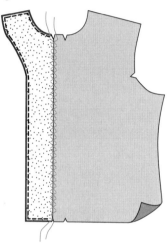

4 Remataremos el borde exterior de la vista sobrehilando o pasando un zigzag a máquina, o bien haciendo un dobladillo de 6 mm, doblando el borde exterior de la vista sobre la entretela.

- Doblaremos el borde de la pieza de la prenda sobre la entretela.
- Después remataremos con un dobladillo hecho a mano con puntadas cortas, o bien remallaremos o pasaremos un zigzag a máquina para reducir el grosor.

dobladillo de 6 mm

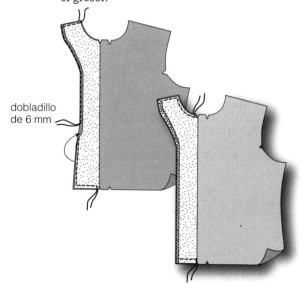

TIPOS DE CUERPO Y TABLAS DE MEDIDAS

- Los diferentes tipos de cuerpo

- Mujeres

- Niños

- Adolescentes

- Hombres

LOS DIFERENTES TIPOS DE CUERPO

Es importante conocer los diversos tipos de cuerpo existentes antes de escoger una talla de patrón. El tipo de cuerpo describe la altura y constitución física de una persona determinada. Las siguientes ilustraciones y tablas representan los diferentes tipos de cuerpos femenino, masculino e infantil. Todas las medidas están expresadas en el sistema métrico.

Cuando hayamos identificado el tipo de cuerpo, tomaremos con precisión las medidas necesarias para determinar la talla de patrón requerida. Para tomar medidas, la persona debe ir descalza y estar en ropa interior o vestida con un maillot. Tomaremos la cintura como punto de referencia; para ello, ataremos un trozo de cinta espiga alrededor de la cintura. Mediremos y anotaremos la medida del contorno de busto, cintura y caderas (en su parte más ancha). También mediremos el centro de la espalda, desde el cuello hasta la cintura, y el largo de manga.

MUJERES
Chica: entre 1,63 y 1,65 m de altura
Se considera a la chica un adulto joven de complexión, altura y proporciones pequeñas.

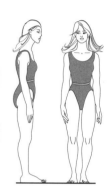

(MEDIDAS EN CENTÍMETROS)						
Talla de patrón y de prenda	3-4	5-6	7-8	9-10	11-12	13-14
Busto	71	73,5	77.5	81	85	89
Cintura	56	58,5	61	63,5	66	68.5
Cadera	78,5	81	85	89	92,5	96,5
Longitud de la espalda hasta la cintura	34	35,5	37	38	39,5	40

Señorita: entre 1,65 y 1,68 m de altura
Figura completamente desarrollada y bien proporcionada, con un contorno de cintura y busto más pronunciados y caderas más redondeadas que la chica, pero de silueta esbelta en líneas generales.

(MEDIDAS EN CENTÍMETROS)						
Talla de patrón y de prenda	6	8	10	12	14	16
Busto	78	80	83	87	92	97
Cintura	58	61	64	67	71	76
Cadera	83	85	88	92	97	102
Longitud de la espalda hasta la cintura	39,5	40	40,5	41,5	42	42,5

Mujer adulta: entre 1,65 y 1,68 m de altura

Mujer con las mismas proporciones que una señorita pero de figura plenamente desarrollada.
Por regla general, la cintura y el busto presentan un mayor contorno y son más pesados.

	(MEDIDAS EN CENTÍMETROS)						
Talla de patrón y de prenda	38	40	42	44	46	48	50
Busto	107	112	117	122	127	132	137
Cintura	89	94	99	105	112	118	124
Cadera	112	117	122	127	132	137	142
Longitud de la espalda hasta la cintura	44	44	44,5	45	45	45,5	46

Mujer adulta (talla media): entre 1,52 y 1,68 m de altura

Mujer más madura, de torso más corto y complexión más baja y pesada. Suele
corresponder a mujeres que ya han tenido la menopausia.

	(MEDIDAS EN CENTÍMETROS)					
Talla de patrón y de prenda	38	40	42	44	46	48
Busto	107	112	117	122	127	132
Cintura	89	94	99	105	112	118
Cadera	112	117	122	127	132	137
Longitud de la espalda hasta la cintura	41	42	42	42,5	42,5	43

NIÑOS

El tallaje de la ropa infantil suele indicarse en años. Sin embargo, como no todos los niños crecen al mismo ritmo, quizás alguno alcance una talla antes o después de lo que correspondería a su edad, dependiendo de su ritmo de crecimiento y desarrollo. Por tanto, las medidas de los niños deben tomarse a menudo y compararse con las que aparecen en el patrón. Todas las medidas indicadas a continuación se expresan en sistema métrico.

Bebé

Comprende desde los recién nacidos hasta niños de dieciocho meses. La talla la determinan el peso y la altura del bebé. Los modelos para niños y para niñas suelen ser similares.

bebé

Talla del patrón	RECIÉN NACIDOS - 3 MESES TALLA XS (SUPERPEQUEÑA)	3 - 6 MESES TALLA S (PEQUEÑA)	6 - 12 MESES TALLA M (MEDIANA)	12 - 18 MESES TALLA G (GRANDE)
Peso (kg)	5,4	6-7	7-8	8,5-9,5
Altura (cm)	61	64-66	69-74	74-76

Niño de entre uno y cuatro años

Estas tallas se aplican tanto a niños como a niñas, aunque los diseños pueden presentar pequeñas diferencias.

niño de entre 1 y 4 años

Talla del patrón	1	2	3	4
Altura	79	87	94	102
Pecho	51	53	56	58
Cintura	50	51	52	53

Niña pequeña (de entre cuatro y seis años)

Los patrones están diseñados para niñas pequeñas que ya caminan y no llevan pañales.

niña pequeña

Talla del patrón	4	5	6	6X
Altura	104	112	119	122
Busto	58	61	64	65
Cintura	53	55	56	57
Cadera	61	64	66	67

Niño pequeño (de entre cuatro y seis años)

Los patrones están diseñados para niños pequeños que ya caminan y no llevan pañales.

Talla del patrón	4	5	6	6X
Altura	104	112	119	122
Pecho	58	61	64	65
Cintura	53	55	56	57
Cadera	61	64	66	67

niño pequeño

Niña preadolescente

Las niñas son más bajas que las adolescentes y su figura está menos desarrollada. Esta categoría de tallas corresponde a niñas que acaban de entrar en un periodo de crecimiento en el que las proporciones son desgarbadas y los modelos siguen las últimas tendencias.

Talla del patrón	7	8	10	12	14
Altura	127	132	142	149	155
Pecho	66	69	73	76	81
Cintura	58	60	62	65	67
Cadera	69	71	76	81	87

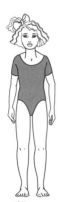

niña preadolescente

Niño preadolescente

Los modelos para niño imitan la ropa de hombre; hay modelos de pantalones para niño que incluyen variantes para niños delgados o gruesos.

Talla del patrón	8	10	12	14	16
Altura	132	142	149	155	156
Pecho	69	73	76	81	87
Cintura	60	62	65	67	70
Cadera	71	76	81	87	92

niño preadolescente

ADOLESCENTES
Chicos adolescentes (de entre 155 y 173 cm de altura)

Los adolescentes suelen tener tallas situadas entre las de niño y las de hombre.
La ropa de estilo pijo suele darse en este grupo de edad (las medidas se expresan
en centímetros).

Talla del patrón	10	12	14	16	18	20
Cuello	32	33	34.5	35.5	37	38
Pecho	71	76	81	85	89	93
Cintura	64	66	69	71	74	76
Cadera	75	79	83	87	90	94

Chica adolescente (de entre 132 y 161 cm de altura)

Las adolescentes tienen un busto pequeño, una cintura poco marcada y caderas
bastante estrechas (las medidas se indican en centímetros).

Talla del patrón	8½	10½	12½	14½	16½
Busto	76	80	84	88	92
Cintura	71	74	76	79	81
Cadera	84	88	92	96	96
Largo de espalda	32	34	35,5	37,5	39,5

HOMBRES
Hombres de entre 1,73 y 1,83 m de altura

La mayoría de los patrones masculinos están diseñados para hombres de complexión media y de una altura de 1,78 m (descalzos). Las tallas de los trajes, chaquetas y camisas deportivas de hombre toman como referencia la medida del contorno de pecho. Las tallas de las camisas de vestir se miden en función del contorno de cuello y del largo de manga. Las tallas de pantalón se rigen por el contorno de cintura (medidas indicadas en centímetros).

Camisas deportivas, de vestir y pantalón de hombre

Talla del patrón	34	36	38	40	42	44	46	48
Cuello	35,5	37	38	39,5	40,5	42	43	44,5
Pecho	87	92	97	102	107	112	117	122
Cintura	71	76	81	87	92	99	107	112
Largo de manga	81	81	84	84	87	87	89	89

CAPÍTULO

4

PLANIFICACIÓN DEL DISEÑO Y SELECCIÓN DEL TEJIDO

- Planificación del diseño
- Elección del patrón
- Ajuste del patrón
- Colocación del patrón sobre el tejido
- Transferencia de marcas del patrón sobre el tejido

PLANIFICACIÓN DEL DISEÑO

La selección del tejido principal

El primer paso a la hora de crear un diseño consiste en examinar las proporciones de la silueta junto con la gama de colores y tejidos. Debemos crear modelos que respondan a nuestras inclinaciones creativas y sociales, ya que un diseño transmite instantáneamente información acerca del usuario a todos aquellos con quienes este se cruce en su devenir cotidiano. Las prendas no solo deben resultar atractivas para los demás sino que deben transmitir seguridad en uno mismo; para conseguir estos objetivos, es importante crear prendas que complementen y realcen la figura, por lo que debemos determinar qué tipo de modelos resultan atractivos y dan buen resultado para una determinada silueta. Existen muchos aspectos de la figura que permiten crear una ilusión perfecta mediante el estilo y el color.

CARACTERÍSTICAS DEL DISEÑO:

a la hora de elegir un diseño, la pauta principal es que el modelo en cuestión resalte las características más notables de la figura. Si el aspecto más relevante de una silueta es el busto, diseñaremos corpiños sencillos con efectos drapeados y/o tejidos brillantes o de colores vivos. Si la copa de pecho es pequeña, elegiremos diseños que añadan volumen por encima de la cintura. En el caso de las siluetas de cintura estrecha y caderas anchas, intentaremos no poner excesivo énfasis en la cintura y evitaremos los cinturones grandes o llamativos; optaremos por cinturones estrechos y sencillos cuando resulten imprescindibles para el diseño (aunque las mujeres altas pueden utilizar cinturones de cualquier anchura). Los colores oscuros para la falda hacen que las caderas anchas parezcan más estrechas.

LÍNEAS DE DISEÑO:

las líneas de diseño ininterrumpidas pueden utilizarse para crear ilusiones ópticas. Así, utilizaremos costadillos, cuellos alargados, pliegues y lorzas verticales, adornos de encaje dispuestos en vertical o aberturas frontales prolongadas para crear la ilusión de altura o esbeltez. En las chaquetas, el bajo debe quedar a la altura de la muñeca, a no ser que sea un modelo de chaqueta corta. Las faldas largas resultan idóneas para figuras esbeltas

o para quienes deseen minimizar la anchura de su cadera. Las faldas con godets sientan bien a cualquier figura; el largo de la falda dependerá de la altura de la usuaria. Los diseños de corte imperio crean una sensación de alargamiento de las piernas y mayor altura. Para evitar un look excesivamente pesado en la zona del tronco, el recorrido del bajo de la prenda debe equivaler a la anchura de la cadera más la línea del hombro.

ELECCIÓN DE LA CALIDAD DEL TEJIDO:

es importante escoger un tejido cuya calidad responda al diseño. Las fibras naturales, como el algodón, el lino, la seda y la lana, transpiran a medida que el cuerpo lo necesita, por lo que las prendas confeccionadas con estas fibras resultan más agradables al uso. Los tejidos delicados minimizan y suavizan el aspecto del cuerpo. Asimismo, estos tejidos pueden drapearse en vertical, confiriendo esbeltez y altura a la figura. Los tejidos rústicos, brillantes o aprestados, si se utilizan en toda la prenda, acentúan la figura y crean una silueta favorecedora. La combinación de tejidos rústicos, brillantes o rígidos con tejidos más delicados puede generar estilos muy interesantes.

LA ELECCIÓN DEL GRAMAJE DEL TEJIDO:

hay una serie de pautas que deben seguirse a la hora de crear diseños adecuados para una figura determinada. Así, por ejemplo, los tejidos ligeros restan volumen, y los tejidos gruesos lo añaden. Del mismo modo, los colores lisos realzan los detalles de diseño, mientras que los cuadros y los estampados los disimulan. Los colores oscuros minimizan la figura. Los tejidos con rayas verticales crean la ilusión de delgadez, mientras que las rayas anchas hacen que la figura parezca más pesada.

LA ELECCIÓN DE TEJIDOS ESTAMPADOS: los estampados que mejor sientan a la figura son los que cubren todo el tejido y están realizados con motivos suaves y difusos; este estampado puede ser sencillo o espectacular. En la actualidad, los estampados más utilizados para realzar la figura incluyen los geométricos, gráficos, florales, a topos y con rayas. La creación de un guardarropa mediante combinaciones de tejidos o estampados en positivo y negativo añade estilo a las prendas y conforma una silueta más esbelta.

LAS PREFERENCIAS DE COLOR: el desarrollo y la personalización de un diseño requieren un uso cauto del color, ya que es intencional y evoca emociones. Una combinación agradable de color, tejido y diseño puede crear una prenda favorecedora que realce las características positivas del cuerpo.

Los colores neutros (negro, marrón, gris y beige) minimizan visualmente aquellas zonas en las que se utilizan, mientras que los colores más vivos y brillantes llaman la atención. Las prendas confeccionadas en un solo color, o en una combinación monocromática, aportan un aspecto alargado y esbelto. Al vestirse de negro es necesario utilizar líneas sencillas, cortes perfectos y un toque de creatividad. El vestidito negro (*little black dress*) no solo es un elemento indispensable de cualquier guardarropa, sino una elección idónea para cualquier ocasión.

Los colores deben fluir de la cabeza a los pies para maximizar la ilusión visual de altura. Utilizado correctamente, el contraste de colores puede equilibrar las proporciones del cuerpo y restar énfasis a las imperfecciones de la figura. Debemos utilizar colores neutros y oscuros en aquellas partes que deseemos minimizar y alargar; destacaremos las zonas cercanas al rostro y los rasgos más notables de la figura mediante colores vivos y visualmente atractivos.

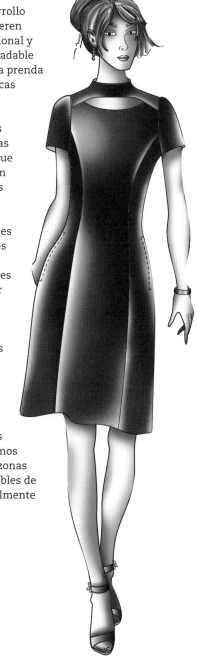

El preencogimiento del tejido

Al aplicar calor o vapor al tejido, los hilos que lo forman se destensan y encogen. Muchos tejidos encogen al lavarse o limpiarse en seco. Los tejidos más habituales que presentan un porcentaje elevado de encogimiento son el algodón, el lino y la lana 100 % sin tratar, aunque muchos tejidos deben someterse a un proceso de preencogimiento para que las prendas no cambien de talla al lavarla o limpiarla en seco.

TABLA 4.1 Tabla de preencogimiento de tejidos

TEJIDO	MÉTODO
Algodón 100 % sin tratar	Introduciremos el tejido en la lavadora, seleccionando el ciclo de centrifugado, que utiliza poca agua, para no empapar el tejido. Sacaremos el tejido de la lavadora y lo introduciremos en una secadora automática. El calor encogerá el tejido húmedo. Una vez seco, sacaremos el tejido de la secadora.
Lana 100 % sin tratar	Llevaremos el tejido a la tintorería para que lo vaporicen y planchen. No es necesario realizar una limpieza en seco. El calor del proceso de vaporizado destensa los hilos y encoge el tejido.
Lino 100 % sin tratar	Utilizaremos uno de estos métodos (lavadora/secadora o tintorería) arriba descritos. El método de tintorería es más sencillo, ya que el lino 100 % sin tratar se arruga.
Seda, rayón, poliéster y otros tejidos sintéticos de mezcla	No necesitan preencogimiento.

Escuadrado del tejido

El escuadrado garantiza que el hilo y el contrahílo formen ángulos rectos entre sí. Una prenda acabada debe estar correctamente aplomada; por tanto, es importante examinar el tejido antes de cortarlo para determinar si el contrahílo está torcido. Para escuadrar un tejido torcido, doblaremos el tejido haciendo coincidir los orillos, uniremos con alfileres todos los bordes del tejido (a excepción del dobladillo), fijaremos el hilo a un tablero o una mesa y, con suavidad, tiraremos del contrahílo hasta que forme ángulo recto con el hilo.

CONSEJO DE COSTURA

- Cuando el tejido se fabrica en las tejedurías, las piezas acabadas y enrolladas se colocan sobre palés para su transporte, manteniendo así el hilo y el contrahílo en su lugar. Los fabricantes almacenan las piezas tumbadas. Cuando se procede al corte del tejido, los rollos se colocan en un carro extendedor provisto de barras que tensan el tejido manteniendo el hilo y el contrahílo en posición correcta; al no producirse distorsión en estos, no es necesario escuadrar el tejido.

- El recto hilo del tejido se deforma al doblarlo por la mitad antes de enrollarlo en el cilindro de cartón de la pieza y esta se expone en la tienda de tejidos apoyada en uno de sus extremos. La deformación del recto hilo dependerá del tiempo que la pieza haya estado expuesta de esta manera. Muchas lanas finas se venden "listas para confeccionar", lo que significa que el tejido se ha tratado previamente y está listo para cortarse y confeccionarse. Las lanas lavables, más novedosas, no requieren tratamiento previo con calor o vapor.

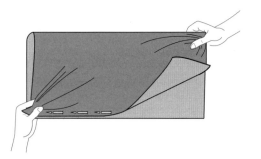

La elección de tejido para la prenda diseñada

Para que la prenda acabada sea un éxito, es importante seleccionar un tejido adecuado a nuestro nivel de habilidad con la costura. Los tejidos de cuadros, con estampados unidireccionales, excesivamente ligeros o pesados, con lentejuelas, pelo, o los tejidos elásticos requieren un nivel de destreza avanzado a la hora de confeccionarlos; el paño, las mezclas de algodón y poliéster, el algodón, el lino y las lanas de gramaje medio son más adecuados para quienes dominan las técnicas básicas de costura. A la hora de elegir el tejido, drapearemos con cuidado uno o más metros del mismo sobre el brazo, manteniendo el tejido cerca del cuerpo.

La siguiente tabla enumera categorías de prendas, los tejidos de uso más habitual en cada categoría y sus requisitos de mantenimiento. La información está ordenada por nivel de dificultad, con los diseños más sencillos y el tejido más fácil de manejar en primer lugar, seguidos por los diseños más complejos y los tejidos que presentan mayor dificultad en su manejo.

TABLA 4.2 Guía para la selección de tejidos

CATEGORÍA DE PRENDAS	TEJIDOS MÁS HABITUALES	REQUISITOS DE MANTENIMIENTO
Ropa deportiva, prendas para climas cálidos, vestidos informales de día, faldas, pantalones, camisas de vestir masculinas, ropa para actividades recreativas.	Tejidos de calada o géneros de punto de gramaje medio. Algodón 100 %, lana, denim, popelín, cloqué, paño, piqué, franela, gamuza, algodón tipo Oxford.	Lavar a máquina. El algodón encoge si no está tratado o no se ha preencogido. Muy duraderos. Permiten una óptima circulación del aire. Planchar mientras estén húmedos o con plancha a alta temperatura.
	Tejidos de calada o de punto en algodón/poliéster de gramaje medio. Lana o franela de lana de gramaje medio.	Lavar a máquina. No encogen. Puede usarse lejía. Planchar a alta temperatura en modo vapor. Las prendas de lana deben limpiarse en seco a no ser que la etiqueta indique que pueden lavarse.
	Lino o chalís de gramaje medio.	Se arrugan. Tienden a encoger con el lavado a máquina. Limpiar en seco. Se estiran al mojarse si no se han sometido a un encogimiento previo.
	Algodones de trama abierta. Arpillera, paño casero y gasa.	Lavar a máquina. Encogen si no han sido preencogidos.
Ropa para actividades deportivas, ropa de baño, disfraces y prendas especializadas, como pantalones y prendas de punto con elastano.	Géneros de punto elásticos. Elastano.	Lavar a máquina. Secar a baja temperatura. No usar lejía. Planchar a baja temperatura.
	Tejido plano de poliéster/algodón.	Lavar a máquina. No encogen. Se secan con rapidez. Necesitan poca o ninguna plancha.
Americanas tipo sastre, abrigos de peso medio y alto, trajes y cazadoras deportivas.	Tejidos pesados de fibra animal. Lana, cachemir, pelo de camello, alpaca, lana, tweed, cheviot.	Solo admiten limpieza en seco, a no ser que se indique lo contrario. En la actualidad, las etiquetas de algunos tipos de lana indican que son lavables.
	Tejidos planos de algodón de alto gramaje. Denim y lona.	

TABLA 4.2 Guía para la selección de tejidos

	Cuero y pieles sintéticas de gramaje medio o alto.	Limpieza en seco en tintorerías especializadas. Estos materiales requieren técnicas especiales de confección.
	Nailon o nailon acolchado con relleno de plumón o fibra de poliéster.	Lavar a máquina o limpiar en seco. Necesitan poca o ninguna plancha.
Ropa para dormir, ropa interior, blusas y vestidos de alta calidad.	Algodones finos. Batista, plumetis, linón, voile y gasa.	Lavar a máquina. Encogen si no se han preencogido o tratado. Se arrugan con facilidad. Planchar mientras están húmedos o con la plancha en modo vapor.
	Tejidos finos o de gramaje ligero. Poliéster 100 % o mezclas de poliéster, crepé georgette, chiffon, organza o mezcla de poliéster/seda.	Lavar a máquina. Necesitan poca o ninguna plancha.
	Tejidos ligeros o de gramaje medio. Forro polar, franela, seda, satén, shantung, rayón, crepé de China, géneros de punto de rayón.	Solo admite limpieza en seco, a no ser que se indique lo contrario. Muchos tejidos de reciente creación, el forro polar, la franela y las mezclas pueden lavarse a máquina.
Vestidos y chaquetas de noche.	Tejidos finos o de gramaje ligero. Organza, chiffon, organdí, algodón transparente, seda, rayón, tejidos de mezcla, lamé, encajes finos.	Solo admiten limpieza en seco, a no ser que se indique lo contrario.
	Tejidos de gramaje medio o alto. Seda salvaje, satén, tafetán, brocado, terciopelo, velvetón, lanas ligeras (chalís, franela, crepé de punto jersey), fibras metálicas, encajes pesados, tejidos con aplicaciones de cuentas.	

LA ELECCIÓN DE PATRÓN

La elección de la talla correcta

Podemos escoger el patrón en primer lugar y después comprar el tejido en función de las sugerencias que aparezcan en el sobre del patrón, o comprar primero el tejido y después buscar un patrón adecuado al mismo; quienes son capaces de visualizar la prenda acabada suelen optar por este segundo método. En el sobre del patrón, que examinaremos con detenimiento en este capítulo, se indican los tejidos adecuados para realizar las prendas contenidas en el patrón.

Antes de comprar un patrón, tomaremos las medidas de la persona para quien vayamos a realizar la prenda para determinar su tipo de silueta (véanse los diferentes tipos de cuerpo y tablas de medidas en el capítulo 3).

MUJERES

- Utilizaremos la medida del contorno de busto en su parte más amplia para seleccionar la talla correcta de patrón para blusas, camisas, americanas o vestidos.
- Utilizaremos la medida del contorno de cadera (en su parte más ancha) para elegir la talla correcta de patrón para pantalones o faldas.

NIÑOS

- Usaremos la medida del contorno de pecho para seleccionar la talla adecuada de patrón para camisas o blusas.
- Utilizaremos la medida del contorno de cintura para seleccionar la talla correcta de patrón para faldas o pantalones.

HOMBRES

- Utilizaremos la medida del contorno de pecho para seleccionar la talla adecuada de patrón para trajes, americanas y camisas.
- Utilizaremos la medida del contorno de cuello y del largo de manga para seleccionar la talla correcta de patrón para camisas de vestir.
- Utilizaremos la medida de cadera para escoger la talla correcta de patrón para pantalones.

Cómo entender el sobre de un patrón

Los sobres de patrones varían en función de la editorial que los publique. El siguiente ejemplo ilustra los contenidos e información que aparecen en los sobres de patrones.

Tallaje

Indica las tallas incluidas en el sobre.

Ilustraciones de moda o fotografías del diseño

En la mayoría de los casos, el sobre contiene patrones correspondientes a todos los diseños que aparecen en el sobre. Si no se incluye alguna de las prendas, se indicará con claridad en el sobre.

Nivel de dificultad

Algunos sobres de patrones también indican el nivel de conocimientos de confección necesarios para terminar la prenda con éxito. Los principiantes deben escoger patrones dentro de la categoría "Fácil de coser"; los confeccionistas más experimentados pueden escoger entre patrones de nivel "Diseñador" o nivel "Avanzado".

EL CONTORNO DE BUSTO Y EL CONTORNO ALTO DE BUSTO

Los patrones se elaboran tomando como referencia el contorno del busto de la modelo en su parte más ancha. Si utilizamos el contorno alto del busto como medida para seleccionar la talla del patrón, resultará demasiado pequeño para la clienta y deberemos modificar la costura lateral o la sisa. Adaptaremos la distancia, la inclinación y la anchura del hombro y del escote a cada usuaria (véanse instrucciones para el ajuste del patrón en las páginas 70-74).

Descripción del patrón

Esta sección describe los detalles estilísticos de cada diseño, así como el ajuste de cada prenda en líneas generales (suelta, semiajustada, ajustada, etcétera). Debemos tener en cuenta que siempre podremos modificar pequeños detalles, como el tipo de bolsillo o el aspecto exterior del cuello.

Sugerencias de tejidos

Los tejidos sugeridos en el sobre del patrón poseen un drapeado y una mano particulares que los convierten en idóneos para el diseño en cuestión. En el sobre se indica si el patrón puede realizarse en tejido de punto.

Tallaje específico utilizado por la editorial

Estas especificaciones describen la talla y el tipo de silueta para los que se ha trazado el patrón. Si nuestras medidas se alejan del estándar, debemos leer la sección dedicada a las medidas de la prenda acabada que se halla impresa en el sobre o en las piezas del patrón. Lo más probable es que debamos modificarlo; véase la sección dedicada al ajuste del patrón en este capítulo.

Metraje de tejido requerido

El metraje necesario para el diseño se indica para cada una de las piezas incluidas en el patrón. Los metrajes suelen indicarse para tejidos de 115 y de 145 cm de anchura.
NOTA: Las medidas y los metrajes de la sección del patrón escrita en inglés se indican en sistema anglosajón, mientras que los de la sección francesa se indican en sistema métrico.

Fornituras necesarias

En esta sección se indican las fornituras necesarias para confeccionar cada prenda, como botones, cremalleras, corchetes, cinta elástica, hilo, etcétera.

PATTERN/PATRON U.S. $16.95 CAN. $17.50 ● BLACK M **B5047**

SIZES/TAILLES	XS/TP 3-4	S/P 6-8	M/M 10-12	L/G 14	XL/TG 16	XXL/TTG 18W-20W	1X 22W-24W	2X 26W-28W	3X 30W-32W	4X 34W-36W	5X 38W-40W	6X 42W-44W
Bust	34-35	36-37	38-39	40-41	42-43	44-45	46-48	50-52	54-56	58-60	62-64	66-68
Waist	25-26	27-28	29-30	31-32	33-34	36-37	38-40	42-44	46-48	50-52	54-55	56-58
Hip	35-36	37-38	39-40	41-42	43-46	48-52	54-56	58-60	62-64	66-68	70-72	74-76
Bicep	–	–	–	–	–	15½	16½	18	19½	21	22½	24
Poitrine	87-89	92-94	97-99	102-104	107-109	112-115	117-122	127-132	137-142	147-152	155-160	165-170
Taille	64-66	68-71	74-76	79-81	84-87	92-94	97-102	107-112	117-122	127-132	137-140	142-147
Hanches	89-92	94-97	99-102	104-107	109-117	122-132	137-142	147-152	155-160	165-170	175-180	185-190
Tour de bras	–	–	–	–	–	39.5	42	45	49.5	53	57	61

easy — **facile**

MISSES'/WOMEN'S JACKET, SHIRT AND SKIRT: Princess seamed jacket features three-quarter length cuffed sleeves or long sleeves (long sleeved jacket not shown), a traditional notched collar and side seam slits. The semi-fitted campshirt has a convertible collar, optional fisheye darts, side seam slits and a faced button front. Pinwheel skirt has choice of side zipper opening or side pocket opening and waistband in sizes XS - XL. Sizes XXL through 6X has elastic waistline casing and pockets.
NOTIONS: Jacket: ⅞" Buttons: Four for Sizes XS-XL and Five for Sizes XXL-6X. **Shirt:** ½" Buttons: Five for Sizes XS-XL and Six for Sizes XXL-6X. **Skirt:** ¾" Elastic: 1⅛ yds. for Sizes XXL-2X and 1¾ yds. for Sizes 3X-6X and Twill Tape for XXL-6X. For XS-XL: For Pocket Opening: Two Hook and Eye Closures. For Zipper Opening: 7" Zipper, One Hook and Eye Closure.
FABRICS: Light to Mediumweight Woven Cotton, Denim, Silk, Rayon, Linen and Poly or Poly Blends. Unsuitable for obvious diagonals. Allow extra fabric to match plaids or stripes. Use nap yardages/layouts for pile, shaded or one-way design fabrics. *with nap. **without nap.
Combinations: Miss (XS-S-M-L-XL), Woman (XXL-1X-2X-3X-4X-5X-6X)

VESTE, CHEMISE ET JUPE (J. FEMME/FEMME): Veste coupe princesse à manches longues ou trois quarts avec poignets (la veste à manches longues n'est pas montrée), col cranté traditionnel et fentes à la couture du côté. Chemise semi-ajustée avec col transformable, pinces oeil-de-poisson facultatives, fentes à couture du côté et devant entoilé boutonné. Jupe à dessin virevent avec choix d'ouverture pour glissière au côté ou pour poche au côté et ceinture en tailles TP - TG. Les tailles TTG à 6X ont élastique et coulisse à la taille et poches.
MERCERIE: Veste: Boutons (22mm): 4 pour Tailles TP-TG et 5 pour Tailles TTG-6X. **Chemise:** Boutons (13mm): 5 pour les Tailles TP-TG et 6 pour Tailles TTG-6X. **Jupe:** Elastique (2cm): 1.1m pour Tailles TTG-2X et 1.6m pour Tailles 3X-6X et Talonnette de Coton pour TTG-6X. Pour TP-TG: Pour l'Ouverture de la Poche: 2 Fermetures à Agrafe. Pour l'Ouverture de la Glissière: Glissière (18cm), 1 Fermeture à Agrafe.
TISSUS: Coton tissé fin à moyen, Denim, Soie, Rayonne, Toile de lin et Polyester ou Polyester mélangé. Grandes diagonales ne conviennent pas. Compte non tenu des raccords de rayures/carreaux. *avec sens. **sans sens.
Séries: J. Femme (TP-P-M-G-TG), Femme (TTG-1X-2X-3X-4X-5X-6X)

MULTI-SIZED FOR CUSTOM FIT												
SIZES	XS	S	M	L	XL	XXL	1X	2X	3X	4X	5X	6X
JACKET												
45"*/**	2¼	2¼	2¼	2¼	2⅜	3	3½	3½	3⅝	3⅞	4	4⅛
60"*/**	1⅝	1⅝	1⅝	1¾	1¾	2¼	2½	2½	2½	2¾	2¾	3
LIGHTWEIGHT INTERFACING - THREE-QUARTER SLEEVE												
45"	1⅝	1⅝	1¾	1¾	1¾	2	2	2	2	2	2⅛	2¼
LIGHTWEIGHT INTERFACING - LONG SLEEVE												
45"**	1½	1½	1½	1½	1½	1⅝	1⅝	1⅝	1⅝	1⅝	1¾	1⅞
SHIRT												
45"*/**	1⅝	1⅝	1¾	1¾	1¾	2⅛	2⅛	2½	2½	2⅝	2⅝	2⅞
60"*/**	1⅛	1¼	1¼	1¼	1¼	1¾	2	2	2½	2½	2¼	2¼
LIGHTWEIGHT INTERFACING - 45", ½ yd.												
SKIRT												
45"*/**	3⅛	3⅛	3⅛	3⅛	3⅛	4⅛	4⅛	4⅞	4⅞	4⅞	4⅞	4⅞
60"*/**	2¼	2¼	2¼	2¼	2¼	3⅜	3¾	3½	3½	3½	3½	3½
LIGHTWEIGHT INTERFACING - 45", ⅛ yd.												

MULTI-TAILLES/A VOS MESURES												
TAILLES	TP	P	M	G	TG	TTG	1X	2X	3X	4X	5X	6X
VESTE												
115cm²*/**	2.10	2.10	2.10	2.10	2.20	2.80	3.20	3.20	3.40	3.60	3.70	3.80
150cm²*/**	1.50	1.50	1.50	1.60	1.60	2.30	2.30	2.40	2.40	2.60	2.80	
ENTOILAGE FIN - MANCHES AUX TROIS QUARTS												
115cm	1.60	1.60	1.60	1.60	1.60	1.90	1.90	1.90	1.90	1.90	2.00	2.10
ENTOILAGE FIN - MANCHES LONGUES												
115cm²*/**	1.40	1.40	1.40	1.40	1.40	1.50	1.50	1.50	1.50	1.50	1.50	1.80
CHEMISE												
115cm²*/**	1.60	1.60	1.60	1.60	1.60	2.00	2.00	2.30	2.60	2.60	2.70	
150cm²*/**	1.10	1.20	1.20	1.20	1.20	1.60	1.90	1.90	2.00	2.10	2.10	
ENTOILAGE FIN - 115cm, 0.50m												
JUPE												
115cm²*/**	2.90	2.90	2.90	2.90	2.90	4.50	4.50	4.50	4.50	4.50	4.50	4.50
150cm²*/**	2.10	2.10	2.10	2.10	2.10	3.10	3.10	3.20	3.20	3.20	3.20	3.20
ENTOILAGE FIN - 115cm, 0.20m												

Medidas de la prenda acabada

En este apartado se indica la longitud total y la medida del recorrido del bajo de la prenda acabada, sea un pantalón, falda o vestido; estas medidas son especialmente útiles a la hora de hacernos una idea del volumen final de la prenda y de considerar si debemos realizar ajustes en la longitud de la misma. Las medidas de la prenda acabada también sirven para estimar la holgura necesaria para que la prenda sea cómoda. Estas medidas suelen indicarse en la piezas del patrón correspondientes al delantero del busto o del pecho, la cintura y la cadera, medida en su parte más ancha.

Diseños en plano

Los diseños en plano son dibujos técnicos de los detalles del modelo del patrón; son útiles cuando cuesta apreciar estos detalles en las ilustraciones o fotografías del anverso del sobre. Algunas editoriales de patrones solo muestran diseños de la vista posterior, mientras que otras muestran tanto la vista anterior como la posterior. En este caso, los dibujos en plano se hallan en el anverso del sobre, aunque el lugar asignado a la hora de imprimirse dependerá de la política de cada editorial.

CONTENIDO DEL SOBRE DE PATRONES

En el interior del sobre de patrones encontraremos las piezas del patrón, impresas sobre papel de seda, y una hoja con instrucciones para el patrón. La talla y el número y/o letra correspondientes al modelo están impresas en cada una de las piezas del patrón.

La hoja de instrucciones muestra diversas sugerencias sobre la disposición (o marcada) de las piezas del patrón sobre tejidos de anchos variados, en función del modelo y de la talla (véase "Colocación del patrón sobre el tejido" en las páginas 75-80). Asimismo, encontraremos marcadas adicionales para tejidos afelpados o unidireccionales, incluyendo el terciopelo, la pana satinada, los cuadros escoceses, las rayas asimétricas o los estampados con motivos unidireccionales.

La hoja de instrucciones también indica cómo confeccionar paso a paso el diseño elegido.

NOTA: Véase "Ajuste del patrón", en las páginas 70-74, para adaptar las piezas del patrón a nuestras medidas antes de hacer la marcada y cortar el diseño.

Las marcas del patrón

Las marcas del patrón (conocidas como *aplomos*) permiten que el fabricante transmita indicaciones al confeccionista sobre el armado de la prenda.

Algunas marcas se acompañan de instrucciones por escrito, a menudo en varios idiomas.

Piquetes

Un piquete es una marca o conjunto de marcas (o *aplomos*) que indican sobre el patrón dónde deben casarse las diferentes piezas del patrón que se correspondan entre sí, para coserlas o fruncirlas. Debemos ser capaces de identificar los siguientes piquetes y aplomos sobre el patrón:

- Sentido del hilo.
- Centro del delantero (CD).
- Centro de la espalda (CE).
- Pinzas, lorzas y pliegues.
- Piquetes de hombro.
- Todas las líneas de doblez.
- Piquete sencillo para indicar la sisa delantera.
- Piquete doble para indicar la sisa de la espalda.
- Posiciones de los bolsillos.
- Líneas de ajuste.

Márgenes de costura

Los márgenes de costura se añaden a todo aquel borde que deba coserse a otro borde. Algunas editoriales añaden a sus patrones el margen de costura y otras no. Si se trata de patrón hecho a medida o sin márgenes de costura, deberemos añadírselos para coser entre sí las diferentes piezas de la prenda. Para simplificar el cálculo del margen de costura necesario, añadiremos entre 12 y 16 mm a todos los bordes exteriores. En el caso de patrones a medida, se recomienda añadir un margen de 6 mm a todas las costuras ciegas, como escotes, cuellos y bordes de las vistas, en lugar del margen habitual, de 12 o 16 mm.

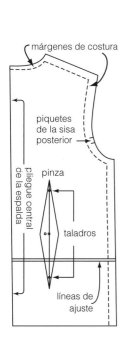

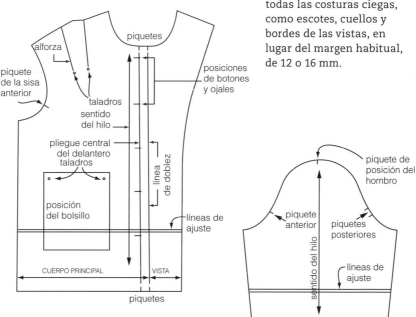

AJUSTE DEL PATRÓN

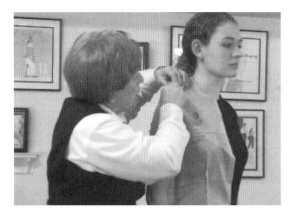

Tras elegir el diseño y la talla del patrón, debemos realizar una prueba preliminar para comprobar la talla y el ajuste del patrón y realizar las modificaciones necesarias.

A continuación exponemos una serie de pautas para el ajuste del patrón adquiridas durante más de treinta y cinco años de trabajo en el sector. Estas sencillas técnicas de modelaje pueden aplicarse a prácticamente cualquier patrón con excelentes resultados. Ajustar el patrón mediante técnicas de modelaje nos permite realizar cambios a medida y nos proporciona un placer visual adicional, al observar de qué modo encaja el patrón.

Es importante que la prenda encaje adecuadamente. Todas las áreas del patrón mantienen una relación definida con la figura que hace que la prenda pueda llevarse y ajustarse correctamente. Estas áreas incluyen:

- El centro del delantero y el centro de la espalda de la prenda, que en todo momento deben mantenerse perpendiculares al suelo y estar correctamente aplomados.
- El hilo de la prenda debe correr paralelo al centro del delantero y al centro de la espalda. De no ser así, la prenda se torcerá y dará tirones.
- El contrahílo de la prenda debe discurrir siempre en paralelo al suelo. De no ser así, la prenda se deformará y dará tirones hacia abajo.
- Las prendas cuelgan de los hombros y del busto/pecho; por tanto, estas áreas del patrón deberán ajustarse a la perfección a la forma del cuerpo. Si la inclinación del hombro en el patrón se desvía 5° respecto a la inclinación del hombro del cuerpo, la caída de la prenda no será la adecuada.
- La sisas deben ajustarse con comodidad según el diseño; así, por ejemplo, las sisas de las camisas son más holgadas que las de otras prendas, más ceñidas. El escote debe quedar plano sobre el cuerpo.

Preparación del patrón

Para comprobar el ajuste del patrón y realizar en el mismo las modificaciones necesarias, seguiremos estos pasos. El sobre contiene solo la mitad del patrón de cada pieza; por tanto, realizaremos los ajustes sobre una de las mitades del cuerpo de la persona (que debe vestirse con ropa ajustada o con un maillot) o del maniquí.

1 **SELECCIONAREMOS LAS PIEZAS DEL PATRÓN:** sacaremos del sobre del patrón las piezas principales del delantero, la espalda y las mangas. Para añadirles firmeza y facilitar el ajuste, pegaremos entretela termofusible no tejida por el revés del patrón, y haremos coincidir el hilo de las piezas del patrón con el hilo de la entretela. Recortaremos las piezas del patrón en la talla elegida, sin eliminar los márgenes de costura. Haremos unas muescas en el escote y las sisas, desde el borde del tejido hasta la línea de pespunteado.

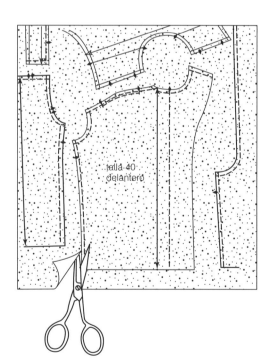

talla 40
delantero

CONSEJO DE COSTURA Para conferir a las piezas del patrón firmeza adicional, plancharemos entretela termoadherente no tejida en el revés de las mismas. Esta técnica proporciona cuerpo al patrón para drapear y nos permite ajustar las piezas del patrón sin necesidad de emplear glasillas.

2 DIBUJAREMOS EL HILO Y EL CONTRAHÍLO:

- En las piezas correspondientes al delantero y la espalda dibujaremos la línea central del delantero y la línea central de la espalda.
- En el patrón del delantero, dibujaremos una línea a la altura del busto que coincida con el contrahílo.
- En el patrón de la espalda, dibujaremos a la altura de los omóplatos (unos 13 cm por debajo del escote) una línea que coincida con el contrahílo.

3 COMPROBAREMOS QUE LAS COSTURAS LATERALES DEL PATRÓN ESTÉN

EQUILIBRADAS: antes de prender las costuras del hombro con alfileres, uniremos las costuras laterales en su extremo superior con alfileres, justo debajo de la axila; haremos pivotar el patrón hasta que el centro del delantero y el centro de la espalda estén paralelos. Las costuras laterales deberían coincidir y tener la misma forma y longitud. Si no es así, dividiremos la diferencia de recorrido y la repartiremos entre ambas costuras, para que su longitud sea la misma (véase la ilustración).

4 COMPROBAREMOS QUE EL DELANTERO Y LA ESPALDA DEL PATRÓN ESTÉN EQUILIBRADOS:

la pieza correspondiente al patrón delantero debe ser 13 mm más ancha que la pieza de la espalda. Si unimos las costuras laterales con alfileres (antes de unir las costuras del hombro), el centro del delantero y el centro de la espalda deberían ser paralelos, y las costuras laterales deberían tener la misma forma y longitud (véase el paso 3).

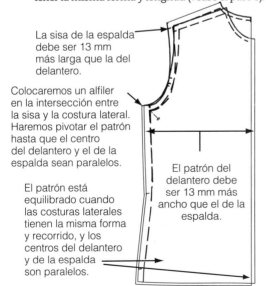

La sisa de la espalda debe ser 13 mm más larga que la del delantero.

Colocaremos un alfiler en la intersección entre la sisa y la costura lateral. Haremos pivotar el patrón hasta que el centro del delantero y el de la espalda sean paralelos.

El patrón está equilibrado cuando las costuras laterales tienen la misma forma y recorrido, y los centros del delantero y de la espalda son paralelos.

El patrón del delantero debe ser 13 mm más ancho que el de la espalda.

5 COMPROBAREMOS QUE LAS SISAS ESTÉN

EQUILIBRADAS: para cerciorarnos de que la manga esté correctamente aplomada, las sisas deben estar equilibradas y su forma debe ser correcta. El recorrido de la sisa de la espalda debe ser 13 mm más largo que el de la sisa del delantero. Si la diferencia de longitud del recorrido es excesiva (más de 19 mm), deberemos modificar el patrón, especialmente en la zona del hombro de la espalda.

- Mediremos la sisa delantera.
- Mediremos la sisa de la espalda.

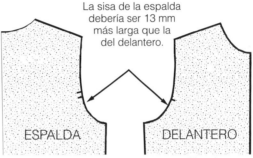

La sisa de la espalda debería ser 13 mm más larga que la del delantero.

ESPALDA   DELANTERO

Comprobar que las sisas estén equilibradas.

6 UNIREMOS LAS PIEZAS DEL PATRÓN CON

ALFILERES: uniremos entre sí las costuras laterales, todas las líneas del modelo y las pinzas. El ajuste de los mismos se hará sobre la mitad del cuerpo. Uniremos con alfileres el delantero y la espalda del patrón de blusa, haciendo coincidir con exactitud las costuras de hombro y las costuras laterales. A la hora de realizar el ajuste del patrón, no incluiremos vistas, cuellos o mangas. Todavía no uniremos las costuras del hombro con alfileres.

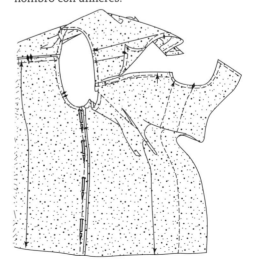

7 AJUSTAREMOS EL PATRÓN SOBRE EL CUERPO:

los patrones solo presentan una mitad impresa sobre papel; por tanto, el ajuste de los mismos se hará sobre la mitad del cuerpo. Colocaremos el patrón, ya preparado, sobre la persona vestida con ropa ajustada o con un maillot, o sobre un maniquí. Ajustaremos las siguientes áreas:

ALINEAREMOS EL CENTRO DEL DELANTERO Y EL CENTRO DE LA ESPALDA:

alinearemos al centro del delantero, el centro de la espalda y la costura lateral hasta que el patrón esté perfectamente aplomado, tanto hacia arriba como hacia abajo. Nos cercioraremos de que el patrón no esté torcido ni respingue en el delantero o en la espalda. Utilizaremos la columna vertebral como guía para el centro de la espalda, y el ombligo como

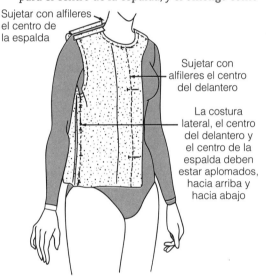

Sujetar con alfileres el centro de la espalda

Sujetar con alfileres el centro del delantero

La costura lateral, el centro del delantero y el centro de la espalda deben estar aplomados, hacia arriba y hacia abajo

guía para el centro del delantero. Las costuras del hombro no deben sujetarse con alfileres.

AJUSTE DE LAS COSTURAS LATERALES:

comprobaremos que las costuras tengan la forma y la holgura adecuadas. Todas las prendas deben poseer cierta holgura (en función del tipo de prenda) que permita el movimiento. Ajustaremos las costuras laterales, añadiendo o quitando holgura en la zona de la cadera, la cintura y las axilas.

AJUSTE DE LOS HOMBROS:

aplanaremos el patrón sobre el cuerpo, partiendo de la zona media de la sisa hacia el hombro, hasta que los hombros y el escote queden planos. Si las costuras del hombro no coinciden, les añadiremos pestañas de papel a modo de extensiones hasta que coincidan. En esta fase debemos marcar la anchura de hombro deseada.

PINZAS DE PECHO: los extremos de las pinzas de pecho deben apuntar hacia la parte más plena del busto. Marcaremos este punto con una cruz y dibujaremos una nueva pinza, de la parte más ancha de la misma al vértice de la nueva marca.

COSTADILLOS: para bustos con copas pequeñas, reduciremos recorrido de copa del costadillo delantero, como se muestra en la ilustración. Si es necesario añadir recorrido de copa, añadiremos holgura en el espacio comprendido entre los piquetes del costadillo delantero.

Ajustaremos la copa del busto en el costadillo

Añadiremos o quitaremos holgura en la costura lateral o en el costadillo para que la prenda se amolde a las curvas del cuerpo

Ajustaremos el área de la cintura a la curva del cuerpo

RECORDATORIO: Las prendas cuelgan de los hombros, por lo que estas áreas del patrón deben ser idénticas a las del cuerpo para conseguir un ajuste y una caída perfectos. Si la inclinación del hombro del patrón se desvía 5° respecto a la inclinación del hombro real, la caída de la prenda no será correcta.

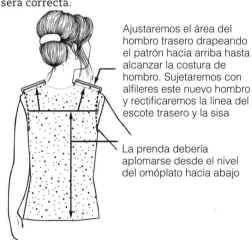

Ajustaremos el área del hombro trasero drapeando el patrón hacia arriba hasta alcanzar la costura de hombro. Sujetaremos con alfileres este nuevo hombro y rectificaremos la línea del escote trasero y la sisa

La prenda debería aplomarse desde el nivel del omóplato hacia abajo

AJUSTE DE LA SISA: aunque la mayoría de los patrones están desarrollados para adaptarse a un bíceps normal, quizá se busque una sisa de mayor o menor recorrido. Para conseguir una sisa con menor recorrido, prolongaremos hacia arriba la costura lateral, subiendo la esquina de la sisa, y la rectificaremos para ajustarla a los piquetes. Para obtener una sisa más amplia, acortaremos la longitud de la costura lateral, bajando la esquina de la sisa, y rectificaremos para ajustarla a los piquetes. Una vez modificada la sisa, tenemos que escoger una

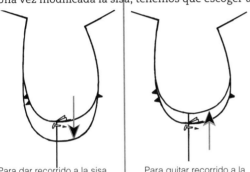

Para dar recorrido a la sisa, la bajaremos 25 mm y la rectificaremos hasta hacerla coincidir con los piquetes

Para quitar recorrido a la sisa, la subiremos 25 mm y la rectificaremos hasta hacerla coincidir con los piquetes

manga más amplia o más estrecha que encaje en la sisa. Véase la siguiente ilustración.

8   **MARCADO DEL PATRÓN CORREGIDO:** con un lápiz blando o un rotulador marcaremos todos los ajustes realizados. Quitaremos los alfileres del patrón y lo colocaremos en plano sobre la mesa. Volveremos a trazar las nuevas líneas marcadas con ayuda de una regla y añadiremos márgenes de costura a las áreas modificadas. Cortaremos y coseremos el patrón usando un tejido económico para comprobar el ajuste de la manga.

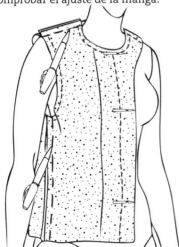

AJUSTE FINAL DE LA MANGA: tras determinar las dimensiones correctas de la sisa, procederemos a ajustar la manga. Cortaremos la manga en glasilla o en algún tejido económico, y la coseremos a mano o la fijaremos mediante un hilván a la sisa, haciendo coincidir todos los piquetes. Debemos cerciorarnos de que el piquete de posición del hombro coincida con la costura de hombro, ya que este piquete controla el aplomo de la manga. Si surge algún problema, haremos las siguientes modificaciones:

- Si la copa de manga es demasiado corta, le añadiremos recorrido, rectificándola a partir de los piquetes hasta que alcance la longitud necesaria.
- Si la manga se gira, añadiremos entre 12 y 25 mm a la copa de manga por la parte de la espalda y rectificaremos la copa de manga de la espalda, partiendo de los piquetes traseros de la manga hasta que coincida con la marca de la costura de hombro.
- La manga constriñe el movimiento del brazo: ajustaremos la sisa a la altura de la axila, subiendo la línea de la axila/costura lateral 25 mm y abriéndola 13 mm. Rectificaremos el patrón hasta la copa, 25 mm por encima de los piquetes.

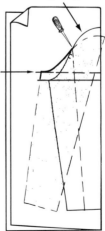

Añadir a la copa de manga de la espalda si la manga se gira

Haremos pivotar la manga hasta que coincida con la nueva línea del bíceps

AJUSTE DE LA CINTURA DE LA FALDA: a medida que las mujeres se acercan a la madurez, sus cinturas tienden a elevarse o a caer en la parte delantera del cuerpo. Para asegurarnos de que el bajo de la falda se mantenga paralelo al suelo, es conveniente dar forma a la cintura de la falda para que coincida con la inclinación del cuerpo.

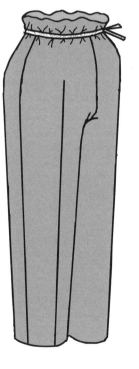

- Utilizando una talla de patrón que coincida con la medida del contorno de cadera, añadiremos 25 mm a la costura de la zona superior de la cintura. Cortaremos y coseremos las piezas principales de la falda, pero dejaremos la cintura sin acabar.
- Colocaremos la falda sobre el cuerpo con el derecho del tejido hacia fuera. Ataremos una pieza de cinta espiga o una cinta elástica de 6 mm de anchura alrededor de la cintura. Ajustaremos la cintura de la prenda, tirando del tejido hacia arriba o hacia abajo por encima de la cinta espiga, hasta que la línea del bajo y el nivel de la cadera estén paralelos al suelo.
- Ajustaremos pinzas y pliegues, ensanchándolos o estrechándolos, hasta que encajen con la cintura.
- Dibujaremos el nuevo contorno de cintura y trasladaremos las marcas al patrón.

ZONAS DE AJUSTE DEL PANTALÓN: debido a la gran variedad de siluetas y profundidad de tiro que existe, es recomendable ajustar el pantalón utilizando un tejido económico antes de confeccionarlo en el tejido definitivo.

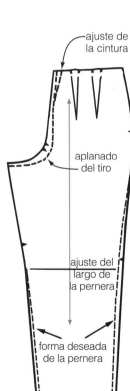

- Usaremos la talla de patrón que coincida con la medida del contorno de cadera. Sobre el patrón, añadiremos 25 mm a la zona de la costura superior de la cintura. Cortaremos el patrón con glasilla para pruebas. Coseremos las costuras del tiro y las costuras exterior e interior de las perneras. Sujetaremos pinzas y pliegues con alfileres. Plancharemos el pliegue del pantalón y lo colocaremos sobre el cuerpo, con el derecho del tejido hacia fuera.
- Ataremos un trozo de cinta espiga o elástica de 6 mm de ancho alrededor de la cintura. Recolocaremos más arriba o más abajo el área de la cintura del pantalón hasta que el tiro esté en una posición que resulte cómoda y que el nivel de la cadera quede paralelo al suelo. Los pantalones deben quedar correctamente aplomados, sin torsiones; además de modificar con precisión la forma de la cintura, este método permite ajustar la altura del tiro.
- Utilizando alfileres, estrecharemos o ensancharemos las pinzas y pliegues hasta ajustarlos al contorno de cintura. Si el recorrido de la cintura ha cambiado, modificaremos el recorrido de la pretina (o cinturilla) para que encajen.
- Dibujaremos la nueva cintura a la altura de la cinta espiga y trasladaremos las marcas al patrón.
- Si el tiro de la espalda tiene demasiado volumen o cuelga, coseremos una curva más profunda en la zona del tiro posterior.
- Determinaremos el largo de los pantalones y ajustaremos este recorrido sobre el patrón, a la altura de la rodilla.

ajuste de la cintura

aplanado del tiro

ajuste del largo de la pernera

forma deseada de la pernera

COLOCACIÓN DEL PATRÓN SOBRE EL TEJIDO

Instrucciones para cortar el tejido con precisión

Cuando ya hemos seleccionado el tejido y ajustado el patrón, llega el momento de posicionarlo sobre el tejido definitivo. Tomarnos el tiempo necesario para cortar con detenimiento y precisión nos permitirá ahorrar tiempo y evitar futuros problemas, y dará como resultado una prenda con mejor aspecto. Por tanto, es importante colocar el patrón según la marcada más idónea para ese tejido (véanse las instrucciones para posicionar la marcada en las siguientes páginas).

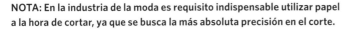

CÓMO CONSEGUIR UN CORTE PRECISO

Para cerciorarnos de que el tejido no resbala, se deforma o se mueve mientras lo cortamos, lo estabilizaremos colocando papel de estraza, papel manila o papel para rotativa debajo. Esto es especialmente importante al cortar tejidos ligeros, como rayón, forros, chiffon, seda, crepé, géneros de punto o terciopelo. Cortar sobre un soporte de papel también permite obtener un corte más limpio y preciso, y evita que se emboten las tijeras o el cúter circular, más allá del uso habitual de los mismos.

NOTA: En la industria de la moda es requisito indispensable utilizar papel a la hora de cortar, ya que se busca la más absoluta precisión en el corte.

1   Colocaremos una hoja de papel (papel de estraza, papel manila o papel para rotativa) sobre la superficie de corte. Dibujaremos sobre el papel una línea para marcar el contrahílo, que deberá ser perpendicular al orillo del papel. Manteniendo la hoja de tejido plana sobre el papel (o las hojas, si el tejido está doblado a lomo), la alinearemos y la prenderemos con alfileres al orillo y a la línea de contrahílo del papel. Esto nos garantiza que el hilo y el contrahílo del tejido estén alineados con el papel. Podemos sujetar con alfileres toda la pieza de tejido; si nos quedamos sin espacio sobre la mesa, doblaremos con cuidado las secciones que ya estén sujetas con alfileres hasta completar el proceso con toda la pieza de tejido.

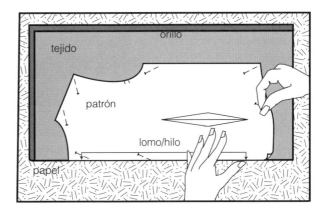

2 Plancharemos las piezas de patrón con plancha seca para eliminar cualquier tipo de arruga. En primer lugar, prenderemos con alfileres todas las piezas que deban cortarse a lomo. Después, colocaremos el resto de las piezas, alineando sus respectivos hilos, hasta completar la marcada. Luego, sujetaremos con alfileres las restantes piezas al tejido y al soporte de papel.

3 Cortaremos papel, tejido y patrón al mismo tiempo, utilizando gestos prolongados y continuos para no hacer mellas en los bordes. No debemos cortar con gestos cortos e intermitentes. Notaremos que el tejido no se mueve a medida que cortan las tijeras; asimismo, podemos mover la pieza de tejido sujeta con alfileres y aproximarla a la hoja de corte sin deformar el tejido.

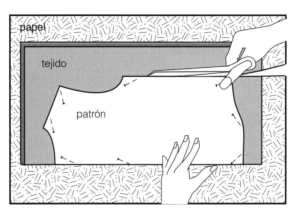

cortar el papel, el tejido y el patrón al mismo tiempo

La elección de la marcada

Como hemos comentado más arriba, cada casa de patrones proporciona una hoja de instrucciones en la que se muestran diversas marcadas del patrón sobre tejidos de ancho, estilo y tamaño variados, así como versiones para tejidos afelpados, con superficies con pelo o cardadas, como el terciopelo, la pana y los estampados unidireccionales. Tanto estas instrucciones como las referentes a la marcada de tejidos a cuadros y rayas deben seguirse al pie de la letra. Antes de continuar, deberemos revisar los siguientes pasos.

Identificar el sentido del hilo

El hilo de cada pieza se marca sobre el patrón para indicar la dirección en la que debe colocarse el patrón encima del tejido.

El hilo del patrón debe disponerse en paralelo a los orillos del tejido. Otro tipo de línea que suele estar indicada en los patrones es la línea de lomo, que también debe coincidir con el hilo del tejido que discurre longitudinalmente.

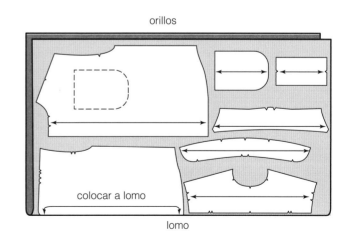

orillos

colocar a lomo

lomo

Marcada bidireccional

Cuando se va a cortar un tejido liso o con estampado multidireccional, los extremos superior e inferior de las piezas del patrón pueden capicularse, es decir, colocarse sobre el tejido en dos direcciones diferentes, aunque siempre deberán seguir el sentido del hilo del tejido. Si no estamos seguros de si el tejido es un estampado multidireccional, preguntaremos al dependiente de la tienda de tejidos.

Marcada unidireccional

Este tipo de marcada se utiliza con tejidos que presentan alguna característica unidireccional, como la felpa, el pelo, el género de punto y el tejido de rayas, y también con tejidos lisos. En una marcada unidireccional, todas las piezas del patrón se disponen sobre el tejido en la misma dirección. En otras palabras, el extremo superior de cada pieza del patrón se situará a la derecha y, su bajo, a la izquierda. Debemos asegurarnos de utilizar una marcada unidireccional a la hora de cortar géneros de punto y tejidos de rayas, de cuadros o con estampados unidireccionales. Esto garantizará que todas las rayas y los cuadros coincidan, que el tejido esté cortado a pelo (en el caso de tejidos de pelo o afelpados) y que todos los detalles de diseño se orienten en la misma dirección.

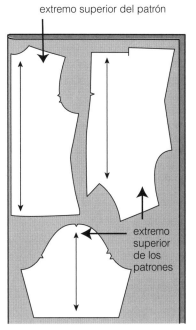

extremo superior del patrón

extremo superior de los patrones

marcada bidireccional

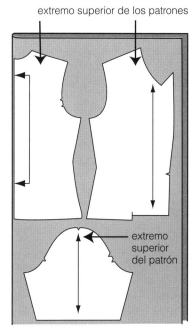

extremo superior de los patrones

extremo superior del patrón

marcada unidireccional

CONSEJO DE COSTURA

- Siempre planificaremos la marcada por el revés del tejido doblado, con los derechos encarados. Esto facilita la transferencia de marcas y evita que el tejido se dañe al manejarlo. Doblaremos el tejido en sentido longitudinal, alineando los orillos.

- En la mayoría de los tejidos, es fácil determinar qué lado es el derecho, gracias al pelo o al estampado; en otros casos puede ser más difícil. Si fuese el caso, doblaremos una esquina del tejido y compararemos ambas superficies. El derecho suele tener un estampado mejor definido o una superficie más lustrosa que el revés. Si no podemos determinar el derecho del tejido, escogeremos la cara que más nos guste, y nos aseguraremos de utilizar la misma cara para toda la prenda. Marcaremos el revés con jaboncillo para facilitar la identificación de las hojas de tejido.

- A la hora de hacer una marcada para un tejido afelpado o con pelo, encararemos los derechos del tejido colocando las hojas en plano y superponiéndolas cuidadosamente. No debemos aplanar la superficie del tejido usando la palma de la mano porque esto provoca estiramientos en el tejido y enmaraña los hilos que forman el pelo, que se desenredarán y estirarán después de que se corte el tejido.

Tejidos de rayas o cuadros

PREPARACIÓN DE LOS TEJIDOS DE RAYAS

Cuando coloquemos tejidos de rayas sobre la mesa de corte, debemos cerciorarnos de que todas las rayas coincidan en ambas hojas del tejido.

PREPARACIÓN DE LOS TEJIDOS DE CUADROS

Los tejidos de cuadros deben disponerse para la marcada de manera que todas las rayas transversales y longitudinales del tejido coincidan en ambas hojas. En primer lugar, colocaremos un trozo de papel (por ejemplo, papel para rotativa) sobre la mesa. Después, colocaremos el tejido sobre el papel y sujetaremos con alfileres todos los orillos del tejido a uno de los lados del papel. Doblaremos el tejido sobre sí mismo, por encima de la primera hoja (haciendo coincidir los bordes), casando las rayas que forman los cuadros en ambas hojas y fijándolas con alfileres. Si las rayas no casan automáticamente, quizá debamos escuadrar el tejido (véase cómo en la página 64).

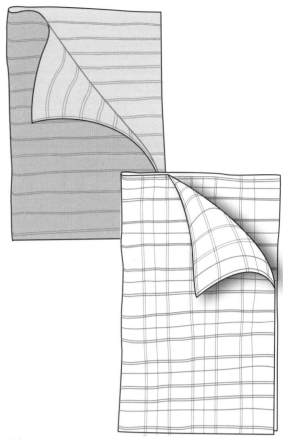

CONSEJO DE COSTURA A la hora de casar rayas longitudinales, los orillos deben colocarse en paralelo, aunque no necesariamente superpuestos.

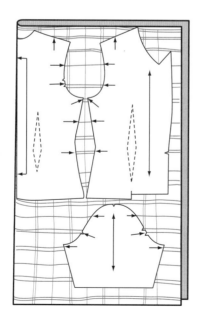

COLOCACIÓN DEL PATRÓN EN TEJIDOS DE RAYAS O CUADROS

En primer lugar, colocaremos las piezas que deban cortarse a lomo (esto puede variar dependiendo del modelo). Transferiremos la situación de las rayas (tanto transversales como longitudinales) en el tejido a la pieza del patrón. Marcaremos con lápiz las rayas sobre la pieza del patrón, a la altura de los piquetes del hombro, de la costura lateral y de la sisa. Transferiremos las marcas de las rayas a las piezas del patrón que vayan cosidas a la costura de la primera pieza del patrón. Estas marcas nos ayudarán a casar las costuras de hombro, las laterales, etcétera. Los piquetes de la copa de manga deberán coincidir con los de la sisa. Colocaremos estas piezas del patrón marcadas sobre el tejido, cerciorándonos de que todas las rayas (tanto transversales como longitudinales) coincidan con las marcas de las piezas del patrón.

Marcada para patrones de entretelas

Colocaremos sobre la entretela las piezas del patrón que necesiten entretelado, de modo que el sentido del hilo del patrón coincida con el sentido del hilo de la entretela. Colocaremos las piezas que necesiten dos hojas de entretela sobre una doble capa de entretela, y las que necesiten una sola hoja, sobre una sola capa de entretela. Sujetaremos las piezas del patrón con alfileres.

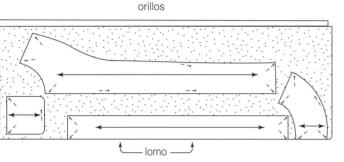

orillos

lomo

Marcada de los patrones para forros

Las piezas del patrón para forros también deben colocarse sobre el tejido siguiendo el sentido del hilo. Colocaremos los patrones sobre una doble hoja de tejido para forro o a lomo, como requiera el modelo. Sujetaremos las piezas del patrón con alfileres.

CONSEJO DE COSTURA

El ENTRETELADO EN BLOQUE es un proceso que consiste en seleccionar todas las piezas que requieran entretelado, calcular la cantidad de tejido necesaria, cortar el metraje de tejido principal y adherir el mismo metraje de entretela mediante vapor y presión al revés del mismo. De este modo, la entretela y el tejido principal se cortan al mismo tiempo, y se evita que las piezas se deformen.

Cómo sujetar el patrón al tejido con alfileres

Cuando ya tengamos prendidas todas las piezas del patrón al tejido siguiendo el sentido del hilo, acabaremos el proceso sujetando el patrón al tejido con alfileres que prenderemos siguiendo las líneas de corte por el interior del patrón, dejando un buen margen para cortar. Colocaremos un alfiler en cada esquina del patrón y el resto a unos centímetros unos de otros. No debemos excedernos a la hora de prender patrón y tejido con alfileres, ya que este podría deformarse. El patrón siempre debe mantenerse plano, con sus piezas colocadas lo más cerca posible unas de otras, completando así la marcada.

LÍNEAS DE SENTIDO DEL HILO Y LÍNEAS DE DOBLADO

1 Comenzaremos con las piezas del patrón que deban colocarse a lomo. Colocaremos el patrón haciendo coincidir la línea de doblado con el lomo del tejido y lo sujetaremos con alfileres. Estas piezas del patrón deben prenderse al tejido antes que las otras piezas.

2 Prenderemos con un alfiler uno de los extremos de la línea que indica el sentido del hilo del patrón al hilo del tejido. Moveremos la pieza del patrón hasta que el otro extremo de la línea de sentido del hilo se halle exactamente a la misma distancia del orillo o del lomo del tejido que el extremo que hemos sujetado con alfileres en primer lugar.

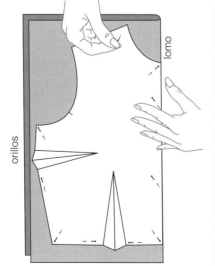

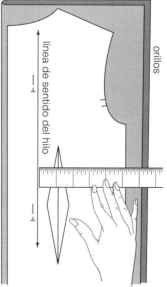

Corte del patrón y del tejido

Manteniendo el tejido plano sobre la mesa, cortaremos con el grueso del patrón hacia la izquierda de las tijeras (en el caso de las personas zurdas, invertiremos la posición del patrón respecto a la tijera). Colocaremos una mano sobre el patrón, cerca de la línea de corte, y manejaremos la tijera de sastre con la otra mano.

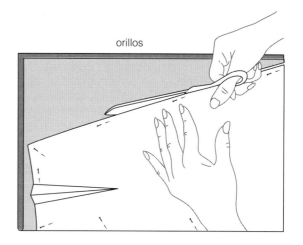

orillos

CONSEJO DE COSTURA Cortaremos utilizando toda la longitud de la hoja, hasta la punta. No debemos cortar con movimientos cortos o intermitentes.

TRANSFERENCIAS DE MARCAS DEL PATRÓN SOBRE EL TEJIDO

Para poder confeccionar todos los detalles de diseño adecuadamente, es muy importante transferir correctamente las marcas del patrón al tejido. Estas marcas (o aplomos) incluyen piquetes, pinzas, lorzas, pliegues, líneas de pliegue, posición de los centros del delantero y de la espalda, y posición de los bolsillos.

Método rápido y fácil para transferir marcas del patrón

1 Con la punta de las tijeras, haremos pequeñas muescas en el borde del tejido para marcar piquetes, pinzas, alforzas, pliegues, líneas de pliegue y posiciones del centro del delantero y del centro de la espalda.

2 Con un punzón o un alfiler, punzaremos el patrón y ambas hojas de tejido para hacer un taladro en los lados de las pinzas, a 13 mm del vértice de las mismas.

3 Con un punzón o un alfiler, marcaremos el vértice de la pinza sobre el tejido.

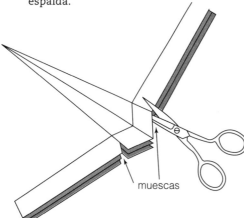

muescas

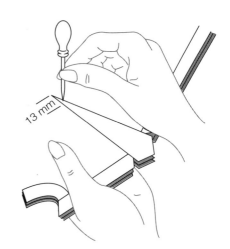

13 mm

Método de marcado con lápiz

1 Insertaremos un alfiler en las marcas de botones, pinzas, posición de bolsillos y donde exista cualquier aplomo del patrón que no pueda transferirse al tejido mediante muescas.

2 Utilizando un lápiz o jaboncillo, marcaremos con un punto la posición del alfiler por el revés del tejido.

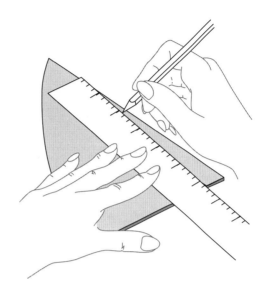

Método de marcado con ruleta de marcar

Colocaremos papel de calco de modista sobre el revés del tejido y utilizaremos la ruleta de marcar para transferir las marcas del patrón.

Sin embargo, debemos tener en cuenta que el método de la ruleta de marcar puede ser poco preciso, ya que para insertar el papel de calco debemos levantar el patrón, lo que puede provocar que este o el tejido se desplacen. En ocasiones, las marcas que deja la ruleta se ven por el derecho del tejido.

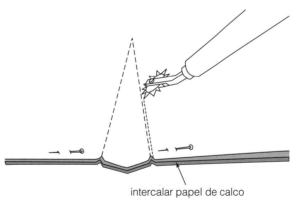

intercalar papel de calco

TIPOS DE COSTURAS

- Terminología y conceptos fundamentales
- Embebido de costuras y de copas de manga
- Fruncidos
- Costuras para cinta elástica
- Costuras para dobladillos

TERMINOLOGÍA Y CONCEPTOS FUNDAMENTALES

Al coser a mano o a máquina con una aguja enhebrada con hilo generamos costuras. Las **costuras** pueden ser funcionales o decorativas y pueden esconderse en el interior de la prenda o encontrarse a simple vista, sobre la superficie de la misma.

Para coser costuras, pinzas y lorzas, utilizaremos **costuras permanentes.** La longitud y la tensión de la costura variarán en función del tejido; para coser la mayoría de los tejidos de gramaje medio, suelen darse entre 10 y 12 puntadas por cada 2,5 cm; los tejidos finos requieren puntadas más cortas, mientras que los tejidos pesados necesitan entre ocho y diez puntadas por cada 2,5 cm.

El **pespunte** es una costura recta y continua, formada por puntadas de longitud uniforme que se utiliza para costuras permanentes.

Los **hilvanes** o **bastas** son costuras provisionales de puntada larga, realizados a mano o a máquina, a razón de unas seis puntadas por cada 2,5 cm. Los extremos de la basta no se rematan con un punto atrás. Antes de quitar un hilván, cortaremos el hilo en algunos tramos para facilitar la tarea.

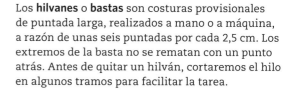

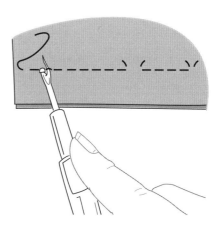

El **hilvanado con alfileres** consiste en sujetar varias hojas de tejido con alfileres, que pueden retirarse con facilidad a medida que se cose. Utilizaremos tantos alfileres como sean necesarios para evitar que las hojas de tejido se deslicen.

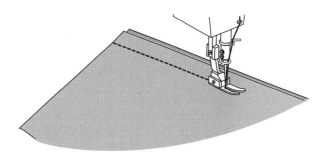

CONSEJO
DE
COSTURA

- **Colocaremos un trozo de** papel de seda bajo los tejidos finos o resbaladizos **para evitar que deslicen. Cuando acabemos de coser, tiraremos del papel para arrancarlo.**
- A la hora de coser terciopelo o tejidos con pelo, **pasaremos un hilván a mano a lo largo de la línea de costura para evitar que el tejido resbale. Pasaremos el pespunte en el sentido del pelo.**
- Las zonas sometidas a tensión o que necesitan refuerzo, **como los picos de los cuellos, los puños y las aberturas en ángulo de escotes rematados con vistas, requieren un pespunte de puntadas más cortas y con mayor tensión, es decir, entre 16 y 18 puntadas cada 2,5 cm.**

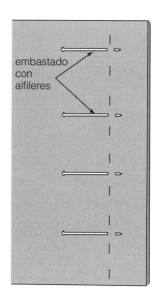

embastado
con
alfileres

El **pespunte de refuerzo** es una puntada normal que se realiza a máquina a 3 mm de la línea de costura antes de montar la prenda; se utiliza para conseguir que las piezas de la prenda conserven su forma original y para evitar que se estiren o se deformen, lo que resulta especialmente necesario en los escotes.

CONSEJO DE COSTURA — Al coser, colocaremos el dedo índice detrás del pie de la máquina para evitar que la costura tire del tejido, haciendo que pierda su forma original.

El **pespunte de carga** consiste en una o varias puntadas realizadas a máquina por la parte externa de la prenda que atraviesan todas las hojas de tejido de la misma. Se utiliza para delinear costuras, coser bolsillos, tapetas y canesúes, y para reforzar la prenda. Suele utilizarse como costura decorativa, situada a unos 6 mm del borde de la tela.

Los pespuntes de carga suelen consistir en costuras rectas de puntadas más largas de lo habitual (entre seis y ocho puntadas por cada 2,5 cm).

El pespunte de carga es una manera ingeniosa y práctica de destacar las costuras de una prenda. Aunque suele realizarse en hilo a tono con el color del tejido, también puede lograrse un efecto decorativo enhebrando la aguja de la máquina con hilo a contraste o hilo de torzal. Resulta visible en el derecho la prenda, por lo que requiere de una colocación y una ejecución precisas.

Al posicionar el pespunte de carga debemos seguir siempre una guía; la más habitual es el borde del prensatelas, ya que permite realizar costuras rectas y precisas. También podemos utilizar como guía una tira de cinta aislante, marcar líneas sobre el tejido o usar una guía que pueda fijarse a la placa de la aguja o al prensatelas de la máquina (como, por ejemplo, una guía para acolchados).

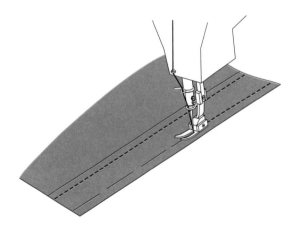

El **zigzag** son unas puntadas hechas a máquina que tienen la forma de dientes de sierra. El zigzag se utiliza para unir entre sí dos hojas de tela con una costura decorativa. La longitud y el ancho de la puntada pueden variar en función del efecto deseado. Aplicar un zigzag al borde de la costura evita que el tejido se deshilache. El zigzag también puede utilizarse para coser géneros de punto.

El **pespunte perfilado** es una puntada que se hace cerca de la línea de costura. El pespunte perfilado debe situarse a 1,5 mm del borde; si el pespunte está a más de 1,5 mm se considera pespunte de pulido.

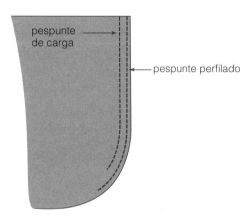

El **pespunte para pulir o de pulido** es una puntada que se realiza en las vistas o capas inferiores de la prenda, y que evita que estas o los bordes de las costuras se giren hacia la parte exterior de la prenda.

Al realizar un pespunte de pulido, mantendremos la vista separada de la prenda, colocando todas las hojas del margen de costura sobre la vista. Haremos un pespunte a máquina cerca del borde de la vista por el derecho de la misma. Mientras cosemos, tiraremos suavemente de la vista y de la prenda hacia ambos lados de la línea de pespunte para que ambas piezas se mantengan planas.

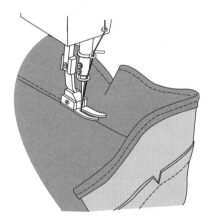

Pespunte en zanja

El pespunte en zanja consiste en pasar un pespunte por el surco creado por una costura hecha anteriormente por el derecho de la prenda. Al estar cosido en el surco de la costura, este tipo de pespunte pasa desapercibido. Se utiliza para rematar cinturillas, puños, cuellos y coser vivos al bies.

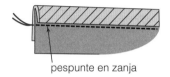

El **pespunteado direccional** evita el estiramiento de las costuras. Por regla general, las costuras de hombro se cosen desde el escote hacia el hombro; las costuras laterales, desde la axila hacia la cintura; las costuras de la mangas, desde la axila hacia la muñeca; y las costuras de faldas y pantalones, desde el bajo hacia la cintura.

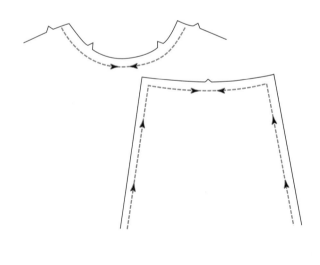

EMBEBIDO DE COSTURAS Y DE COPAS DE MANGA

El **embebido** se utiliza cuando el recorrido de un borde de la prenda es ligeramente superior al del borde al que debe coserse. Para que la costura tenga un aspecto pulcro y no haga frunces ni pliegues, debemos embeber la pieza de recorrido más largo antes de coserla a la otra pieza.

El embebido suele utilizarse en las copas de manga, los bordes del escote que han sufrido estiramientos, las curvas de los costadillos sobre el busto y los bajos de las faldas con vuelo.

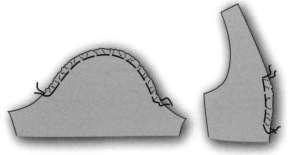

3 Coseremos a lo largo de la línea de costura, manteniendo encima la pieza embebida. Coseremos ambas hojas entre sí a máquina con un pespunte normal, evitando que la costura haga pliegues o frunces.

Embebido

1 Manteniendo el dedo índice de la mano izquierda detrás del prensatelas, pasaremos un pespunte a máquina sobre la línea de pespunte. Dejaremos que el tejido se deslice bajo el prensatelas mientras pasamos un pespunte sencillo sobre la línea de pespunte para embeber el tejido, que se amontonará entre el dedo índice y el prensatelas y quedará embebido.

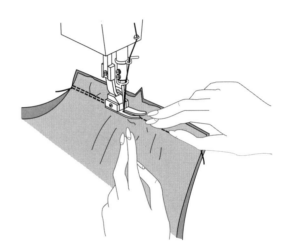

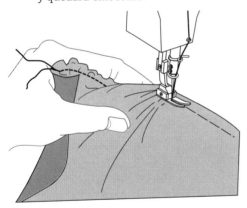

2 Distribuiremos el embebido de manera uniforme. Encararemos los derechos del tejido y sujetaremos la costura más corta a la costura embebida mediante alfileres, que colocaremos a intervalos de unos 13 mm.

Embebido de la copa de manga

Pasaremos una doble hilera de hilvanes a máquina cerca de la línea de costura. Tiraremos de los extremos de los hilvanes hasta conseguir la holgura deseada (que debe ser la mínima posible). (Véase la sección dedicada a hilvanes y bastas en las páginas 98 y 99.)

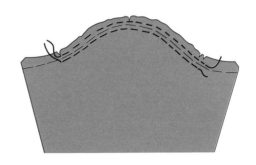

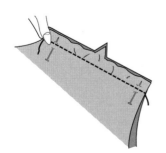

FRUNCIDOS

El fruncido es el proceso que consiste en recoger la
holgura del tejido a lo largo de la línea de costura
y redistribuirla como se desee. Muchas prendas
necesitan que algunas de sus piezas se frunzan
antes de coserlas. Los frunces pueden utilizarse en
ciertas partes de la prenda o en detalles de diseño,
como chorreras, volantes, mangas farol y dar estilo
a vestidos o blusas.

El prensatelas para fruncir

La mayoría de las máquinas de coser incluye
un prensatelas para fruncir que puede coser de
manera automática, rápida y uniforme una o varias
hileras de frunces. Este prensatelas está diseñado
para trabar determinada holgura en cada puntada,
lo que garantiza un fruncido uniforme. Aunque la
forma de este prensatelas varía en función de la
máquina, suele presentar una especie de joroba en
su parte inferior.

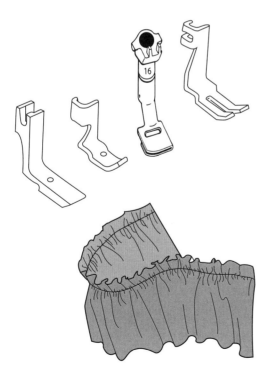

1 Para fruncir la tela, mantendremos el dedo
índice de la mano izquierda firmemente
colocado detrás del prensatelas y pasaremos
un pespunte para fruncir sobre la línea de
costura, desde el principio hasta el final del
recorrido. Dejaremos que el tejido se deslice
bajo el prensatelas; el tejido se amontonará
entre nuestro dedo índice y el prensatelas.
Levantaremos el dedo para liberar parte
del tejido y volveremos a colocarlo tras el
prensatelas; repetiremos el proceso hasta
que todo el recorrido esté fruncido.

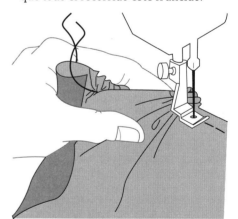

CONSEJO DE COSTURA
La longitud de puntada de la máquina de
coser controla la holgura que quedará
trabada en el frunce. Las puntadas largas
crean más volumen y las puntadas cortas,
menos. Si queremos lograr un fruncido con
el mayor volumen posible en tejidos de alto
gramaje quizá debamos ajustar la tensión
del hilo.

2   Distribuiremos los frunces de manera
    uniforme. Encararemos los derechos del
    tejido de ambas piezas y sujetaremos la línea
    de costura más corta a la línea de costura
    fruncida mediante alfileres, manteniendo
    encima la pieza fruncida. Colocaremos un
    alfiler cada 13 mm aproximadamente.

3   Manteniendo la pieza fruncida encima,
    pasaremos un pespunte siguiendo la línea
    de costura. Coseremos ambas piezas entre
    sí utilizando un pespunte sencillo a máquina
    y evitando enganchar los pliegues del frunce
    con la aguja.

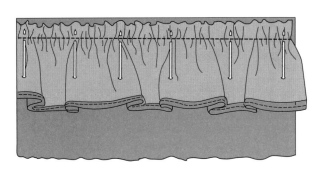
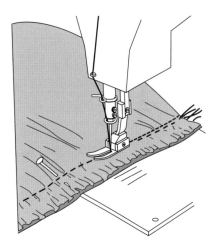

VARIANTE DE FRUNCIDO: Otro método para fruncir un tejido consiste en pasar una doble hilera de hilvanes y tirar de los hilos a ambos extremos hasta conseguir el volumen deseado.

COSTURAS PARA CINTA ELÁSTICA

Las costuras elásticas suelen utilizarse para fruncir un volante o el puño de una manga, o para dar holgura a determinadas zonas de una prenda (como, por ejemplo, la costura de cintura).

1   Distribuiremos la cinta elástica en dos partes iguales (o en cuatro, si fuese necesario) y marcaremos la división con un alfiler. Siguiendo este método, dividiremos el recorrido de la prenda que requiera el elástico y marcaremos las divisiones con alfileres.

3   Con la aguja de la máquina bajada, estiraremos el primer tramo de la cinta elástica hasta alcanzar la primera marca divisoria sobre el tejido; coseremos la cinta al tejido hasta alcanzar la marca. Repetiremos este proceso estirando la cinta y cosiéndola al tejido, hasta completar la totalidad del recorrido.

NOTA: La prenda quedará fruncida, aunque se estirará donde sea necesario al ponernos la prenda.

NOTA: También podemos emplear un pespunte en zigzag con hilo normal, tanto en la aguja como en la canilla.

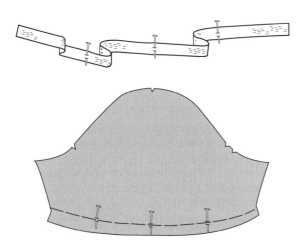

2   Colocaremos la cinta elástica, con las divisiones ya marcadas, sobre el revés de la prenda. Tomando como punto de partida el borde de la prenda, haremos un atacado sobre el extremo de la cinta para fijarla al borde del recorrido de la prenda que requiera elástico.

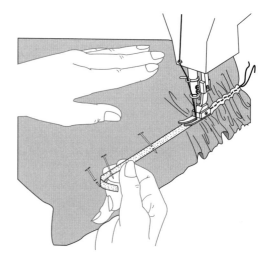

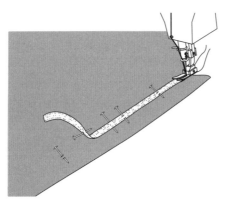

(CONSEJO DE COSTURA) Podemos utilizar hilo elástico en la canilla para conseguir un efecto fruncido en determinadas piezas de la prenda. Devanaremos manualmente el hilo elástico en la canilla, pero sin estirarlo. Utilizaremos hilo normal para la aguja.

COSTURAS PARA DOBLADILLOS

Existen varios tipos de puntadas que pueden utilizarse para coser el bajo de una prenda. El exceso de recorrido del bajo deberá embeberse y distribuirse de manera homogénea para conseguir un acabado equilibrado y uniforme.

Las puntadas del bajo de una prenda deben mantener una separación uniforme y ser imperceptibles por el derecho del tejido. Seleccionaremos uno de los siguientes tipos de costuras en función de su idoneidad para con el tejido y el tipo de prenda.

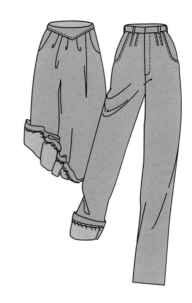

Punto de dobladillo

El **punto de dobladillo**, también conocido como punto picado, es una puntada discreta y duradera que se utiliza para acabar a mano un dobladillo o una cremallera.

1 Daremos un puntada en la prenda cogiendo algunos hilos del tejido.

2 Daremos otra puntada a unos 6 mm del borde del dobladillo.

3 Seguiremos cosiendo, empezando la puntada en la prenda y acabándola en el borde del dobladillo, hasta terminar de coger el bajo.

Punto de escapulario

El **punto de escapulario** o crucetilla es un pespunte realizado a mano con puntadas cortas que se dan, alternativamente, a derecha e izquierda, formando así una hilera tupida de puntadas cruzadas.

1 Daremos una pequeña puntada en sentido horizontal en la prenda, de derecha a izquierda, cerca del borde del dobladillo.

2 Prenderemos un hilo de la prenda en sentido diagonal, abajo y a la derecha de la primera puntada.

3 Seguiremos cosiendo según esta pauta de zigzag hasta terminar el dobladillo.

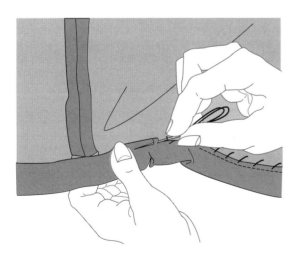

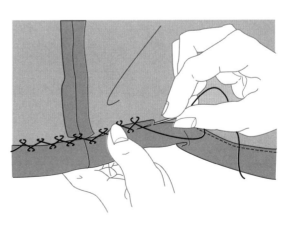

Punto escondido o invisible

El **punto escondido o invisible** es un pespunte manual prácticamente invisible que se utiliza para hacer dobladillos. Al deslizar la aguja a través de un pliegue del tejido en cada puntada, el hilo queda oculto.

1 Daremos una puntada pequeña y discreta en la prenda.

2 Daremos otra puntada en sentido diagonal en el borde del dobladillo.

3 Seguiremos cosiendo, dando una pequeña puntada en la prenda seguida de otra puntada en el borde del dobladillo, hasta terminar el bajo.

pespunte invisible

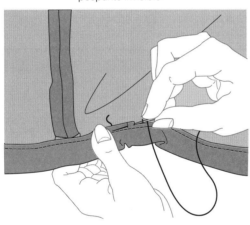

punto escondido

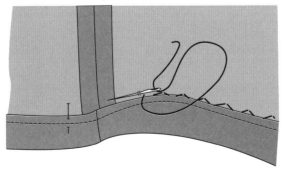

Dobladillo camisero

El **dobladillo camisero** es un dobladillo estrecho, cosido a máquina, que se usa en los bajos de camisas, blusas y algunas faldas.

1 Haremos un doblez en el borde de la prenda de menos de 6 mm y doblaremos el margen del dobladillo (que suele tener unos 13 mm) hacia adentro, a lo largo de la línea de costura.

2 Pasaremos un pespunte perfilado con la máquina para fijar el borde doblado.

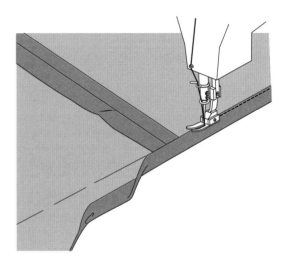

Dobladillo enrollado o cubierto

Un **dobladillo enrollado o cubierto** presenta un pespunte distintivo. Se realiza con máquina remalladora y sirve para dar un acabado pulcro y satinado al bajo de faldas y vestidos o a los bordes de fulares o servilletas. Para realizar este dobladillo, las máquinas remalladoras domésticas deben poseer una función especial, mientras que en la industria de la moda se utiliza un tipo especial de remalladora llamada recubridora. Este tipo de dobladillo no requiere un pespunte adicional.

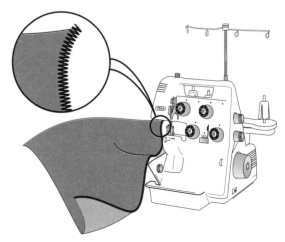

CAPÍTULO
6

OTRAS COSTURAS Y ELEMENTOS PARA DAR FORMA A LA PRENDA

- Costuras

- Acabados de costura

- Pinzas

- Confección de pinzas

- Pliegues

- Alforzas

COSTURAS

Las costuras se crean al coser entre sí dos o más piezas de tejido para formar un borde acabado. El tipo de costura elegida debe responder al tejido, tipo de prenda y su ubicación en la misma.

Las costuras se cosen en una dirección determinada de la siguiente manera:

- Las costuras de hombro se cosen partiendo del cuello y en dirección a la sisa.
- Las costuras laterales del cuerpo se cosen partiendo de la axila y en dirección a la cintura o al bajo.
- Las costuras de las mangas se cosen partiendo de la axila y en dirección a la muñeca.
- Las costuras de la falda se cosen partiendo del dobladillo y en dirección a la cintura.

El **margen de costura** es el tejido adicional que se necesita para coser una costura, y su anchura varía entre 6 y 25 mm. La anchura estándar que se emplea en labores de costura doméstica es de 16 mm.

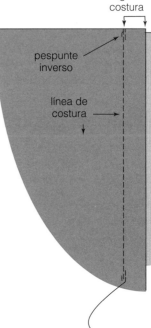

margen de costura

pespunte inverso

línea de costura

El **pespunte inverso** se realiza a máquina y consiste en pasar un pespunte hacia delante y hacia atrás para reforzar los extremos de la costura.

La **línea de costura** es la línea del patrón por la que discurre la costura o el pespunte.

La **longitud de puntada** de una costura dependerá del tipo de pespunte que requiera esa parte de la prenda:

- Las **costuras permanentes realizadas a máquina** tienen entre 10 y 12 puntadas por 2,5 cm. Los extremos no se rematan con pespunte inverso, para que la costura pueda deshacerse con facilidad en caso necesario.
- Los **pespuntes de refuerzo** de una costura están formados por puntadas cortas (entre 16 y 18 por 2,5 cm) que refuerzan zonas de la prenda sometidas a tensión, como las esquinas.

10   12   14

Las **guías de costura** sirven para mantener el pespunte recto y paralelo al borde de la costura. Las guías de costura suelen estar marcadas en la placa de la aguja de la máquina de coser y numeradas en incrementos de 3 mm, indicando la anchura deseada del margen de costura para cada pieza de la prenda.

El **prensatelas** es el accesorio de la máquina de coser que sujeta el tejido en el lugar por el que este es arrastrado a medida que la aguja cose. La mayoría de las costuras se realizan con el prensatelas universal.

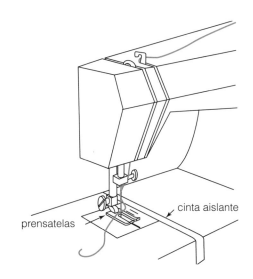

prensatelas   cinta aislante

CONSEJO DE COSTURA

Colocaremos un trozo de cinta aislante en la placa de la aguja a lo largo de la guía de costura seleccionada para prolongarla sobre la placa base de la máquina.

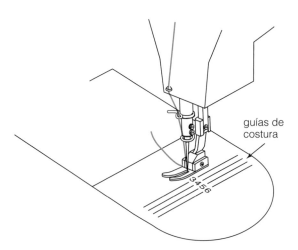

guías de costura

Pautas para coser

Siempre comenzaremos a coser con la aguja y el prensatelas levantados. Detrás del prensatelas deberían quedar 12,7 cm de hilo.

Colocaremos el tejido bajo el prensatelas, con los bordes cortados colocados a la derecha de la aguja y alineados con la guía para márgenes de costura de la placa de la aguja. De este modo, la línea de costura se posicionará directamente bajo la aguja.

Bajaremos el prensatelas y sujetaremos el tejido levemente a medida que pasa bajo la aguja; al mismo tiempo, guiaremos el tejido en paralelo a las guías de costura de la placa de la aguja. Mientras el tejido pasa por la máquina de coser, miraremos el borde cortado de la prenda, no la aguja. Haremos un pespunte de 6 mm, volveremos hacia el borde del tejido invirtiendo el pespunte y seguiremos pespunteando hacia delante a lo largo de la línea de pespunteado hasta completar la costura simple. Al alcanzar el final de la línea de pespunteado, haremos un pespunte inverso de 6 mm al que seguirá un pespunte hacia delante hasta alcanzar el borde del tejido.

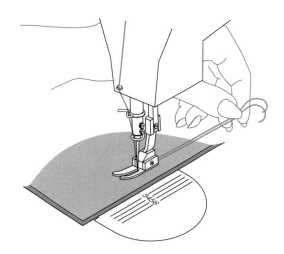

Costura simple

La **costura simple** es el tipo más común de costura empleada para coser entre sí dos piezas de una prenda. Se utiliza en costuras laterales, costuras de hombro y líneas de estilo. La costura simple puede utilizarse en la mayoría de los tejidos a excepción de los géneros de punto. La longitud de la puntada suele situarse entre las 10 y las 12 puntadas por cada 2,5 cm para la mayoría de los tejidos. El margen de costura suele tener unos 16 mm de anchura en el caso de las labores de costura domésticas y unos 13 mm en el caso de la confección industrial.

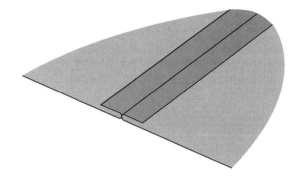

1 Colocaremos una de las piezas de tejido sobre la mesa de coser con el derecho hacia arriba.

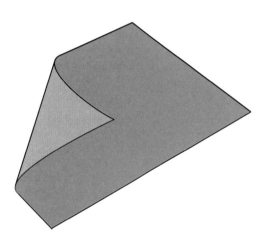

2 Colocaremos la segunda pieza de tejido sobre la primera, encarando los derechos de ambas.

3 Tiraremos de los hilos de la aguja y de la canilla hacia atrás por debajo del prensatelas.

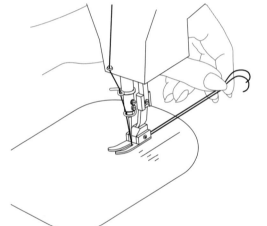

4 Colocaremos ambas piezas de tejido bajo el prensatelas, situándolo sobre uno de los extremos de la línea de costura de la pieza de la prenda, con el borde del tejido sobre las líneas guía de la placa de la aguja de la máquina de coser.

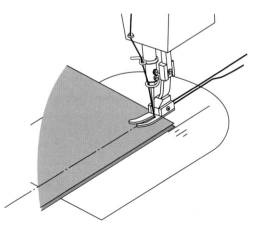

5   Coseremos un pespunte de 6 mm de largo y volveremos atrás, con un pespunte inverso, hasta alcanzar el borde del tejido. Después, pasaremos un pespunte hacia delante a lo largo de la línea de costura hasta completar la costura simple. Seguiremos las guías de costura situadas sobre la placa de la aguja de la máquina.

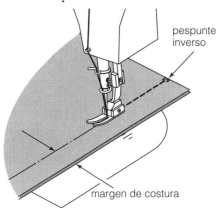

pespunte inverso

margen de costura

7   Tiraremos del tejido y de los hilos hacia la parte posterior del prensatelas y cortaremos los hilos cerca del tejido.

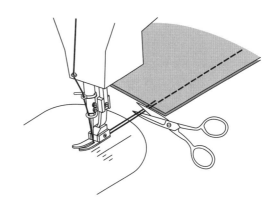

6   Al alcanzar el final de la línea de pespunteado, remataremos la costura con otro pespunte inverso de 6 mm, seguido de un pespunte hacia delante hasta alcanzar el borde del tejido.

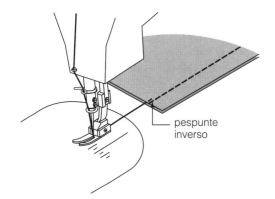

pespunte inverso

8   Abriremos la costura y la plancharemos.

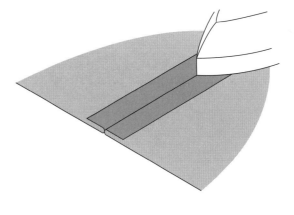

Hilvanes o bastas

Los **hilvanes** o **bastas** se utilizan para unir entre sí, en caso necesario, dos piezas de tejido mediante una costura provisional. Esto puede suceder con las costuras de ranura, las cargadas o con el embastado previo necesario para coser una cremallera centrada. También puede utilizarse en otras costuras de la prenda para realizar ajustes preliminares. Un hilván acostumbra a tener unas seis puntadas por cada 2,5 cm; suelen ser las puntadas más largas que la máquina es capaz de hacer. El ancho del margen de costura para hilvanar es el mismo que el de la costura simple.

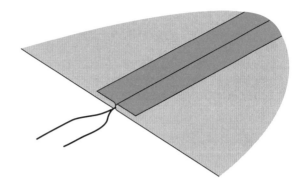

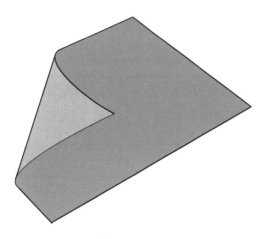

1   Colocaremos una de la piezas de tejido sobre la mesa de costura con el derecho hacia arriba.

2   Colocaremos la segunda pieza de tejido sobre la primera, encarando los derechos de ambas.

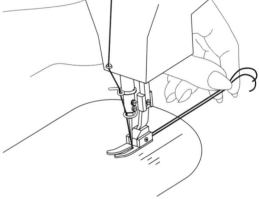

3   Tiraremos de los hilos de la aguja y de la canilla hacia atrás por debajo del prensatelas.

4   Colocaremos ambas piezas de tejido bajo el prensatelas, situándolo sobre uno de los extremos de la línea de costura de la pieza de la prenda, con el borde del tejido colocado sobre las guías de costura.

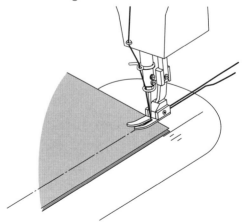

5 Seleccionaremos la puntada más larga y coseremos siguiendo las guías de costura. No utilizaremos pespunte inverso. Seguiremos cosiendo a lo largo de la línea de pespunteado hasta completar el hilván.

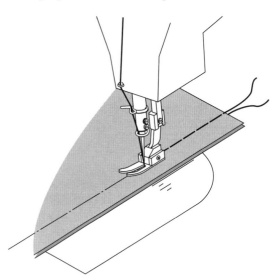

7 Abriremos y plancharemos la costura.

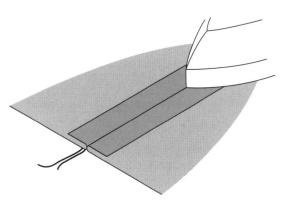

6 Tiraremos del tejido y de los hilos hacia la parte posterior del prensatelas y cortaremos los hilos a media distancia entre el tejido y la aguja.

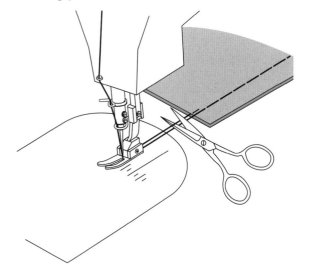

Costura de ranura o de canal

Cuando queramos añadir a la prenda una tira de encaje o de tejido (a tono o a contraste) por debajo del tejido principal, es recomendable utilizar una **costura de ranura o de canal**. Al quitar los hilvanes de la costura pespunteada, la tira de tejido asomará entre los bordes de la costura acabada. Esta costura puede añadir un toque especial a una costura simple; por ello suele utilizarse en las costuras de los canesúes..

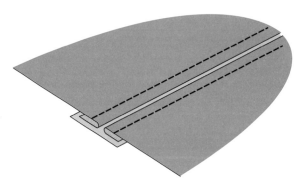

1 Pasaremos un hilván a máquina para realizar una costura simple (véase el apartado "Hilvanes" en las páginas 98 y 99).

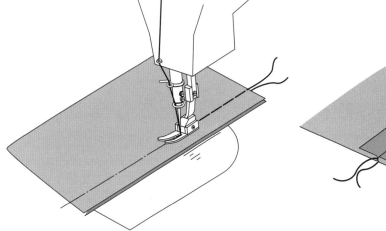

2 Abriremos y plancharemos la costura.

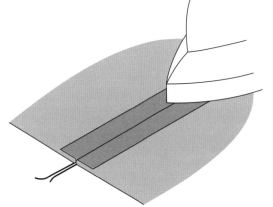

3 Cortaremos una tira de tejido, a tono o a contraste, cuya anchura equivalga a la suma de los dos bordes de la costura simple. Colocaremos la tira como muestra la ilustración, sujetándola con alfileres si es necesario.

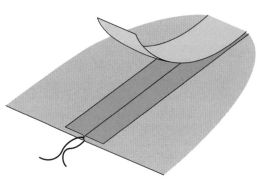

4 Daremos la vuelta a la prenda, manteniendo el derecho del tejido hacia arriba y la tira de tejido en su lugar.

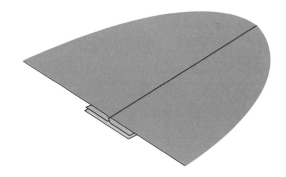

5 Utilizando el prensatelas como guía, pasaremos un pespunte recto a 6 mm de la línea de costura.

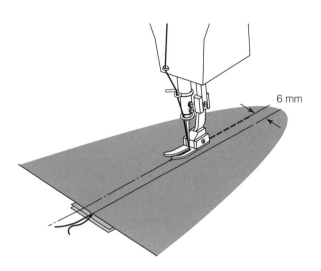

6 mm

7 Quitaremos los hilvanes.

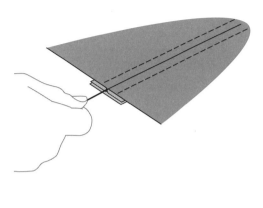

6 Repetiremos el proceso con la línea de costura del lado opuesto y plancharemos la costura para asentarla.

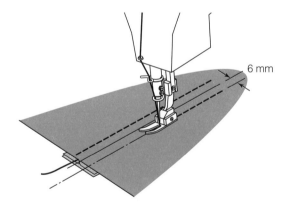

6 mm

Costura francesa

La **costura francesa** es una costura angosta dentro de otra costura que encierra los bordes sin pulir del tejido para prevenir que se deshilache. Esta costura se utiliza en tejidos finos y en prendas de lencería para esconder los bordes sin pulir, y presenta un aspecto de costura pulida tanto en el exterior como en el interior de la prenda. No se recomienda su uso en costuras curvas, ya que tiende a combarse.

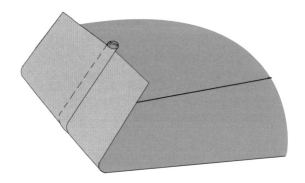

1 Colocaremos las piezas de la prenda sobre la mesa de costura con los reveses encarados. Siguiendo las líneas guía de la placa de la aguja, pasaremos un pespunte dejando 6 mm de margen de costura. Reforzaremos la costura mediante pespuntes inversos, como se ilustra en el caso de la costura simple (véase la página 97).

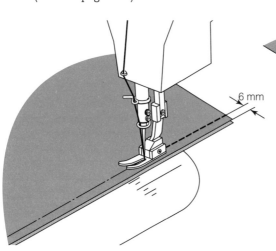

6 mm

2 Rebajaremos los márgenes de costura, dejando una anchura de 3 mm.

3 Abriremos los márgenes de costura y plancharemos.

4 Doblaremos el tejido para encarar los derechos de ambas hojas de tejido.

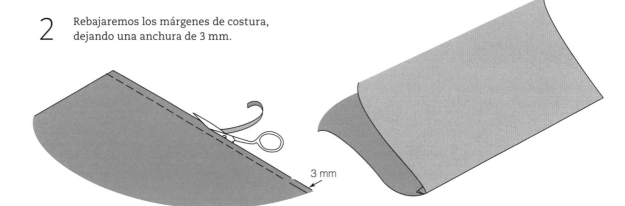

3 mm

5 Pasaremos un nuevo pespunte, dejando también en esta ocasión 6 mm de margen de costura. Reforzaremos la costura mediante pespuntes inversos, como se ilustra en el caso de la costura simple (véase la página 97).

6 Giraremos la prenda del derecho. Plancharemos la costura hacia un lado, aplanándola. Nótese que la primera costura está ahora encerrada dentro de la segunda, lo que le da un aspecto de costura acabada por el exterior de la prenda y de costura ciega por el interior.

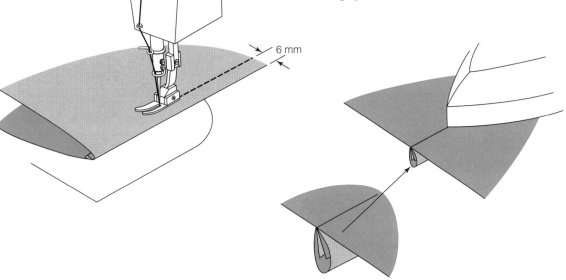

6 mm

CONSEJO DE COSTURA

La costura francesa puede utilizarse en el exterior de la prenda, como detalle decorativo que le confiera un aspecto vanguardista.

Costura tejana o costura inglesa

La **costura tejana, plana o inglesa** proporciona un acabado limpio en ambas caras de la prenda; en la parte exterior de la costura pueden apreciarse dos pespuntes en paralelo. Esta costura se utiliza para confeccionar prendas deportivas o reversibles resistentes y duraderas, y para evitar que la prenda se deshilache.

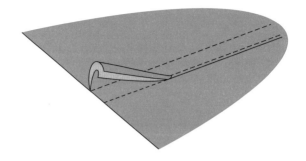

1 Colocaremos las piezas de la prenda sobre la mesa de costura, con los reveses encarados.

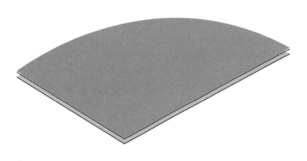

2 Pasaremos un pespunte para realizar una costura simple (véanse las páginas 96 y 97). Plancharemos los márgenes de costura hacia un lado.

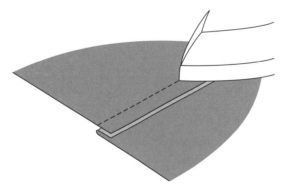

3 Doblaremos hacia dentro los márgenes de costura a una distancia de 6 mm de la misma.

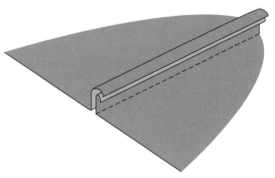

4 Aplanaremos los márgenes de costura, como se ilustra más arriba.

5 Utilizando la aguja como guía, pasaremos un pespunte a lo largo del borde del doblez que atraviese todas las hojas de tejido.

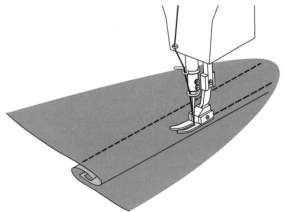

Costura con vivo o envivada

La **costura con vivo o envivada** es una costura decorativa que también puede utilizarse para rematar cantos del tejido y como detalle de diseño en prendas y accesorios del hogar como, por ejemplo, cojines. Se utiliza en escotes, bordes de cuellos y bolsillos, y sirve para acentuar las partes externas de estas piezas. Este tipo de costura les da un acabado firme y es apropiada para tejidos de gramaje medio.

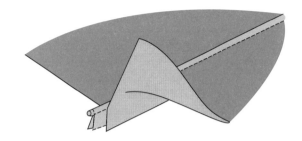

1 Manteniendo la pieza de tejido con el derecho hacia arriba, colocaremos el vivo sobre ella de manera que el borde sin pulir del vivo coincida con el del tejido. Siguiendo la línea de costura, pasaremos un hilván para sujetar el vivo al margen de costura del tejido.

2 Colocaremos la segunda pieza de tejido sobre el vivo, con el derecho hacia abajo, asegurándonos de que coincidan los bordes.

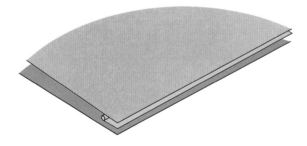

3 Utilizando un prensatelas para envivar o colocar cremalleras, pasaremos un pespunte a lo largo del borde del vivo, siguiendo la línea de costura.

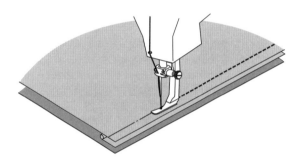

CONSEJO DE COSTURA

Para envivar una costura convexa, estiraremos el margen de costura a lo largo de la curva exterior y embeberemos el vivo. Para envivar una costura cóncava, estiraremos el vivo y embeberemos ligeramente el margen de costura.

Costura curva

Las **costuras curvas** se utilizan para dar forma y suelen usarse en las líneas de estilo de una prenda, como costadillos y canesúes (tanto del cuerpo como de la falda).

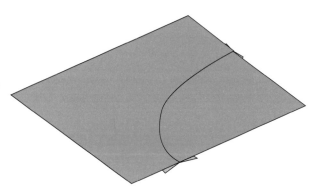

1 Colocaremos la pieza del tejido con la curva cóncava sobre la mesa de costura con el derecho hacia arriba.

3 Comenzaremos a coser empleando el mismo método que para una costura simple (véanse las páginas 96 y 97).

4 Seguiremos cosiendo hasta que las líneas de pespunteado (o los bordes del tejido) comiencen a divergir.

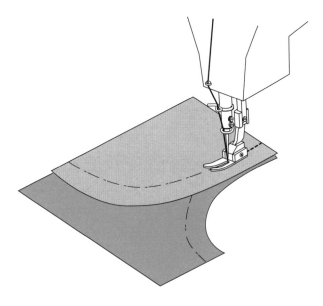

2 Colocaremos la pieza de tela con la curva convexa sobre la primera pieza con el revés hacia arriba, como muestra la ilustración.

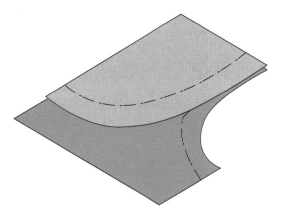

5 Bajaremos la aguja hasta atravesar el tejido y levantaremos el prensatelas.

8 Repetiremos el procedimiento hasta completar la costura.

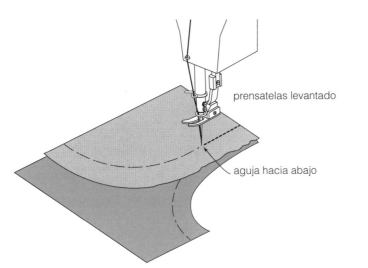

prensatelas levantado

aguja hacia abajo

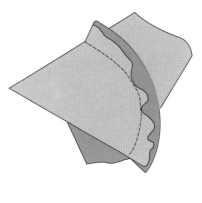

9 Plancharemos la costura hacia un lado

6 Con la aguja como pivote, haremos girar el tejido hasta que converjan las líneas de pespunteado o los bordes del tejido.

7 Seguiremos cosiendo.

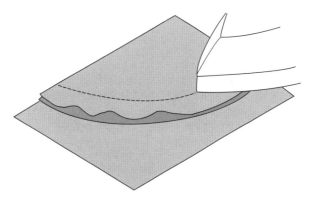

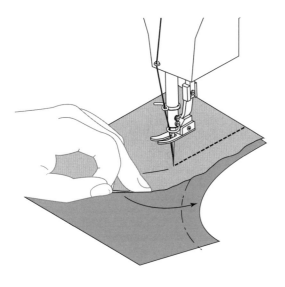

Costura en ángulo o en pico

La **costura en ángulo o en pico** suele utilizarse en canesúes cuadrados y en líneas de diseño o escotes cuadrados o en pico. El método de costura empleado para girar el vértice del ángulo o del pico de estas áreas es complicado, ya que el pespunte debe pivotar exactamente sobre la línea de pespunteado del vértice o del pico. El método de costura empleado para realizar un pespunte en ángulo puede aplicarse a otras costuras en ángulo, como las de los godets o de los canesúes en pico.

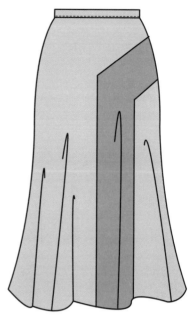

1 Colocaremos la primera pieza de tejido de la prenda (que suele ser la pieza más grande) sobre la mesa de costura con el derecho hacia arriba.

2 Colocaremos la segunda pieza del tejido encima de la primera, con los derechos encarados y haciendo que coincidan las líneas de pespunteado. En este ejemplo se han hecho coincidir los bordes Y y las líneas de pespunteado.

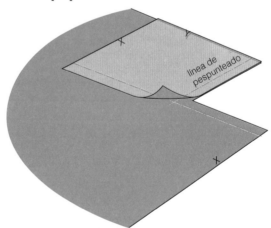

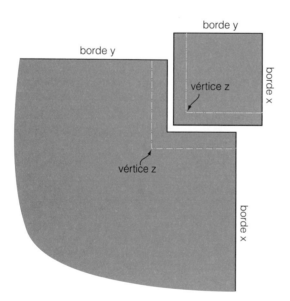

3 Pasaremos un pespunte por la línea de pespunteado hasta llegar al vértice Z.

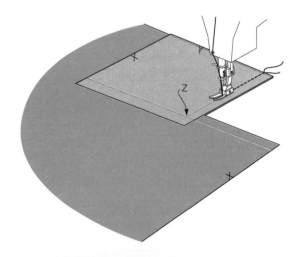

NOTA: Para la tarea que se describe en este ejemplo, llamaremos a los bordes X e Y, y al vértice de la línea de pespunteado, Z.

4 Con la aguja hacia abajo, levantaremos el prensatelas. Mantendremos la prenda sobre la máquina, sujeta por la aguja clavada en el vértice Z.

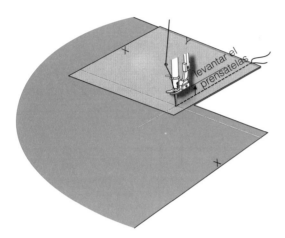

5 Cortaremos con cuidado la hoja inferior de tejido hacia el vértice Z. Para asegurarnos de que no cortamos el pespunte, dejaremos de cortar a 1,5 mm del vértice.

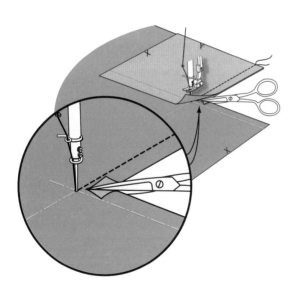

6 Manteniendo la aguja hacia abajo y el prensatelas alzado, haremos girar la hoja superior de tejido, tomando como pivotes la aguja y el vértice de la línea de pespunteado (Z). Seguiremos pivotando la hoja superior de tejido hasta hacerla coincidir con la línea de pespunteado de la hoja inferior de tejido.

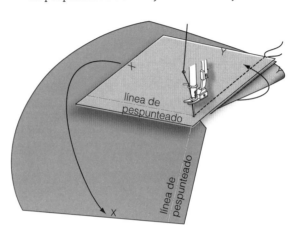

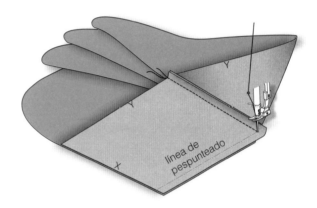

En este ejemplo, haremos coincidir las líneas de pespunteado y los bordes X.

7 Seguiremos cosiendo a lo largo de la línea de pespunteado hasta completar la costura.

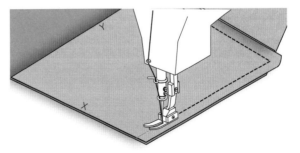

Costura de canesú para camisería

La tradicional **costura de canesú para camisería** está presente en una gran variedad de diseños para canesúes y tapetas frontales, tanto en camisas de vestir como en camisería deportiva para hombres, mujeres y niños. El canesú suele forrarse con el mismo tejido en que está confeccionada la prenda, a excepción de las camisas de franela acolchada, cuyo canesú suele forrarse con tejido para forro.

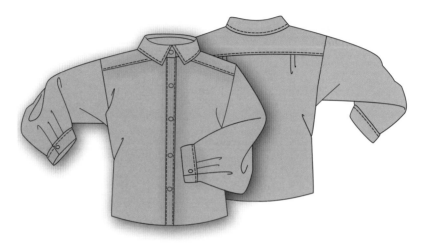

1 Coseremos todos los pliegues y cerraremos todas las pinzas, incluyendo los pliegues de la espalda de la camisa (que, en ocasiones, presenta un único pliegue en el centro de la espalda).

2 Coseremos el canesú exterior y su forro a la espalda de la camisa, intercalándola entre ambos canesúes.

3 Coseremos los delanteros
derecho e izquierdo de la
camisa al forro del canesú
(una sola hoja de tejido).

NOTA: El derecho del forro del canesú
coincidirá con el revés de las piezas
del delantero de la camisa, es decir,
el derecho irá encarado con el revés.

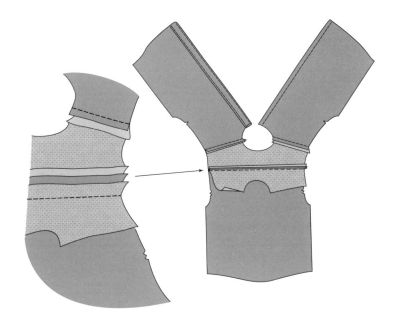

4 Plancharemos ambas piezas del canesú
hacia arriba y pasaremos un pespunte de
carga a lo largo de la línea de costura del
canesú de la espalda.

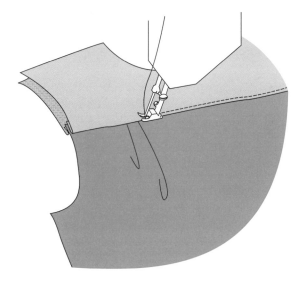

5 Plancharemos las costuras del canesú
hacia el lado del canesú. A continuación,
plancharemos el margen de costura de la
hoja externa del canesú y la prenderemos
con alfileres sobre la línea de pespunteado
de la costura frontal del canesú. Coseremos
la hoja superior del canesú a la prenda
pasando un pespunte perfilado.

Chorrera inserta en costura

Este método para **insertar una chorrera** muestra cómo coser un remate decorativo fruncido, que podemos adquirir ya preparado y listo para su aplicación o hacerlo nosotros mismos, frunciendo una pieza de tela para después insertarla en el canto de cuellos, puños o vistas de una blusa.

1   Prenderemos con alfileres la chorrera (comprada o hecha en casa) al canto exterior de la pieza de la prenda. El revés de la chorrera debe encararse con el derecho del canto de la prenda.

2   Sujetaremos la chorrera en su lugar mediante un hilván.

3   Colocaremos la vista de la prenda encima de la chorrera y la sujetaremos con alfileres.

4   Coseremos la hoja exterior de tejido pasando un pespunte a lo largo de la línea de pespunteado hasta completar la costura exterior.

5   Giraremos la pieza del derecho, pasaremos un pespunte de carga y plancharemos el canto exterior para aplanarlo.

NOTA: Para conseguir un efecto de contraste, coseremos la chorrera a la prenda con los derechos de ambas encarados.

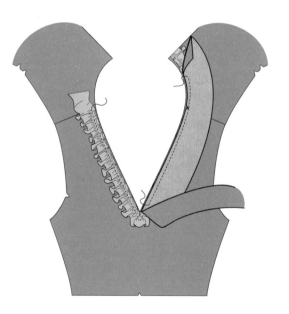

ACABADOS DE COSTURAS

Costura simple con remate de doblez y pespunte

El acabado con **doblez y pespunte** es un método sencillo y pulcro para rematar una costura que evita que los cantos de ciertos tejidos, como las tramas rústicas y los tweeds, se deshilachen una vez cortados. También proporciona un aspecto acabado a determinadas prendas, como las americanas sin forro.

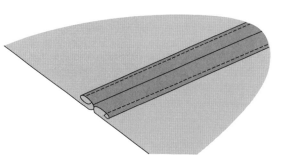

1 Haremos una costura simple (véanse las páginas 96 y 97).

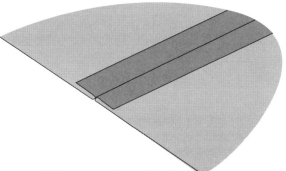

2 Colocaremos la prenda sobre la mesa de costura con el revés hacia arriba y doblaremos uno de los márgenes de costura, como muestra la ilustración.

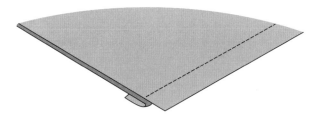

3 Doblaremos 3 mm hacia adentro el canto del margen de costura que queda a la vista.

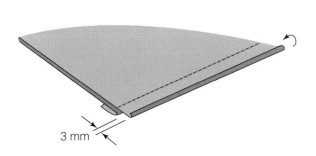

3 mm

4 Pasaremos un pespunte cerca del canto doblado.

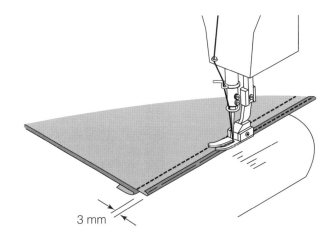

3 mm

5 Repetiremos el proceso con el otro margen de costura.

6 Plancharemos y abriremos la costura.

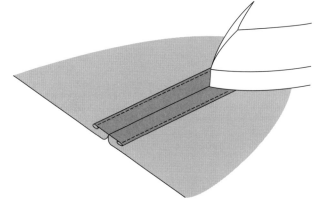

Costura simple pulida con ribete al bies

En la **costura simple con cantos ribeteados** se utiliza cinta al bies para pulir los cantos. Este método es el más recomendable cuando se utilizan tejidos rústicos o géneros de punto de trama abierta, que tienden a deshilacharse con facilidad. La costura pulida al bies también se utiliza en pieles de imitación o en americanas sin forro, para dar a la prenda un aspecto acabado.

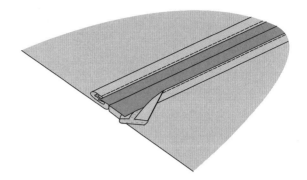

1 Haremos una costura simple (véanse las páginas 96 y 97).

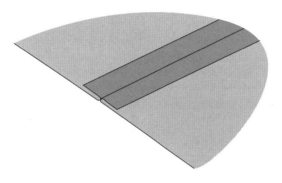

2 Colocaremos la prenda sobre la mesa de costura, con el revés del tejido hacia arriba, como muestra la ilustración.

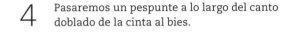

3 Deslizaremos la cinta al bies (que habremos comprado con antelación) sobre el canto de uno de los márgenes de la costura.

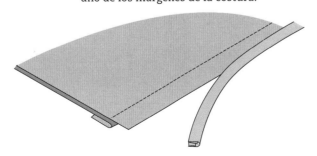

4 Pasaremos un pespunte a lo largo del canto doblado de la cinta al bies.

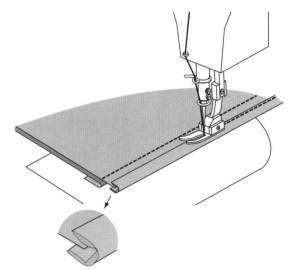

5 Repetiremos este procedimiento con el margen de costura opuesto, abriremos la costura y plancharemos.

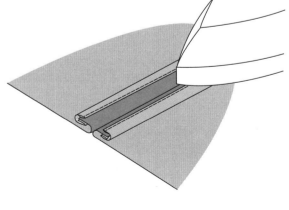

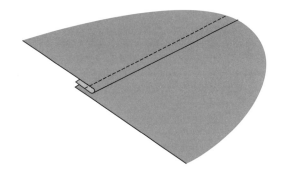

Costura cargada

La **costura cargada** permite "decorar" una costura simple con un sobrepespunte realizado con hilo a tono o a contraste. Este acabado de costura suele utilizarse en costadillos y canesúes realizados con tejidos con cuerpo. Esta costura permite una confección resistente y confiere a la prenda un efecto decorativo..

1 Haremos una costura simple (véanse las páginas 96 y 97).

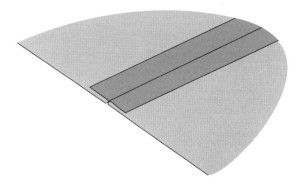

2 Plancharemos los márgenes de costura hacia un lado.

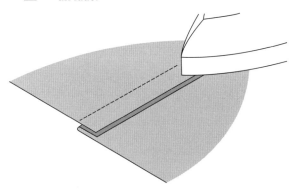

3 Giraremos ambas piezas de tejido, colocando el derecho hacia arriba.

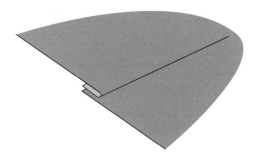

4 Utilizando el prensatelas como guía, pasaremos un pespunte recto a 6 mm de la línea de costura.

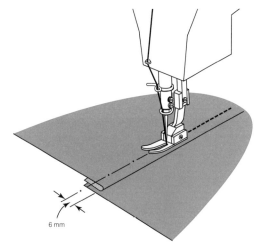

6 mm

5 Plancharemos la costura para fijarla.

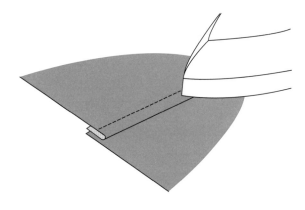

Costura cargada con pestaña

La costura **cargada con pestaña** es una costura decorativa que forma un pequeño pliegue, poniendo de relieve algún detalle constructivo de la prenda y añadiéndole interés. Este tipo de costura puede utilizarse prácticamente en cualquier tipo de tejido, a excepción de tejidos finos.

1 Embastaremos las dos hojas de tejido mediante un hilván (véase "Hilvanes o bastas" en las páginas 98 y 99).

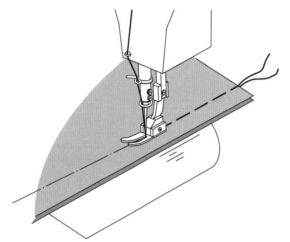

4 Utilizando el prensatelas como guía, pasaremos un pespunte recto a 6 mm de la línea de costura.

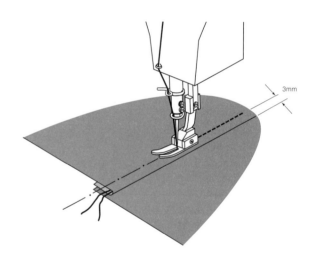

3mm

2 Plancharemos el margen de costura hacia un lado.

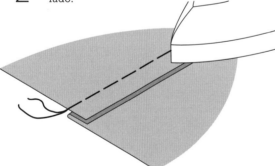

5 Plancharemos la costura para fijarla.

6 Quitaremos los hilvanes.

3 Giraremos ambas piezas de tejido, colocando el derecho hacia arriba.

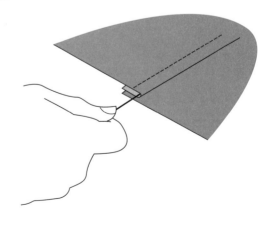

PINZAS

Las **pinzas** permiten eliminar tejido sobrante (en diversas proporciones), partiendo del canto de la prenda y disminuyendo progresivamente hasta converger en un punto. Existen varios tipos de pinza, que analizaremos en esta sección. Las pinzas deben posicionarse y coserse con precisión para destacar las líneas del cuerpo.

Las pinzas son el elemento estructural más básico de la confección y se utilizan en:
- El delantero del cuerpo, para dar forma a sus contornos.
- El delantero del cuerpo, partiendo de cualquier punto del perímetro del mismo y convergiendo hacia el busto, para dar forma al tejido situado sobre el busto y conseguir que la prenda se amolde al cuerpo.
- La parte posterior de la cintura, para ajustar el tejido a la misma.
- La parte posterior del cuello y la costura de hombro, para dar forma a la zona superior del hombro y proporcionar holgura al área de los omoplatos.
- Las mangas ajustadas, para dar libertad de movimiento al codo.
- El delantero y la espalda de faldas y pantalones, para ajustar el tejido a la línea de la cintura y dar holgura a la prenda en la zona de las caderas.

Los **lados de la pinza** son las líneas de costura situadas a ambos lados de la pinza.

El **vértice de la pinza** es el punto de fuga hacia el que convergen los lados.

El **final de pinza** es el área más ancha de la pinza y está entre los extremos de los lados de la pinza.

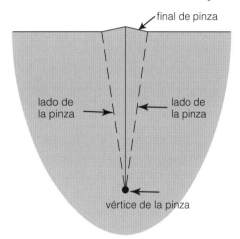

Las **pinzas de pecho** ayudan a amoldar la prenda a la zona del busto. Suelen partir de la costura del hombro o de la costura lateral y acaban a 5 cm del punto del busto, es decir, de su parte más prominente.

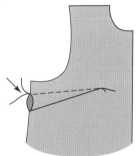

Las **pinzas de faldas y pantalones** recogen el recorrido de la cintura de estas prendas. Las pinzas del delantero suelen ser más cortas que las de la espalda.

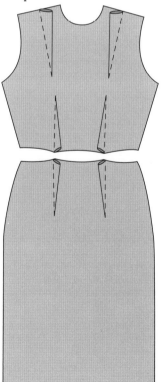

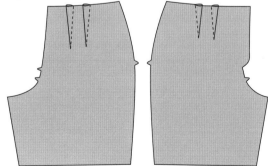

Las **pinzas de entalle** suelen utilizarse en prendas que carecen de costura en la cintura (como, por ejemplo, blusas, vestidos, chalecos o americanas) para dar volumen a esta parte de la prenda. Generan una curva poco pronunciada en la cintura y añaden holgura a la zona de las caderas.

La **pinza francesa** es una pinza diagonal que parte de un punto cualquiera situado entre la línea de la cadera y 5 cm por encima de la cintura, y se va estrechando hacia la parte más prominente del busto. Esta pinza puede ser recta o curva, y en ocasiones hay que rebajarla (vaciarla), dependiendo del tejido sobrante en el ancho de pinza.

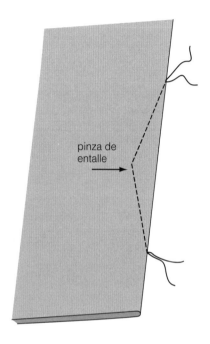

pinza de entalle

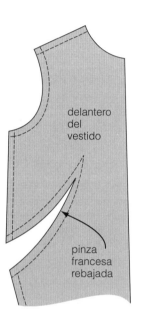

delantero del vestido

pinza francesa rebajada

CONFECCIÓN
DE PINZAS

Pinza recta en disminución

La pinza recta en disminución es la pinza que se emplea en corpiños, faldas o mangas para ofrecer a la prenda un ajuste uniforme y equilibrado. Este tipo de pinza crea volumen y holgura en las partes más prominentes del cuerpo.

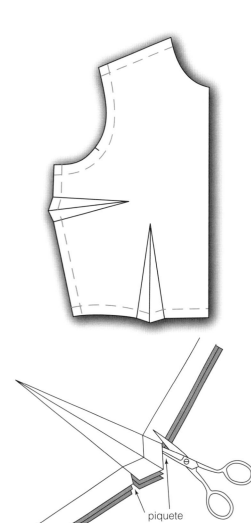

CÓMO TRANSFERIR AL TEJIDO LAS MARCAS DE UNA PINZA RECTA EN DISMINUCIÓN

Transferiremos las marcas de la pinza que aparecen en el patrón sobre el revés del tejido. Véase el capítulo 4 para instrucciones específicas al respecto.

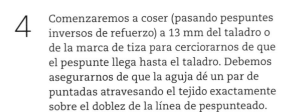

piquete

1   Doblaremos el tejido encarando los derechos hasta que coincidan los piquetes.

2   Seguiremos doblando la pinza a lo largo de la línea central hasta el taladro o la marca de tiza.

3   En caso necesario, dibujaremos con tiza de marcar la línea de pespunteado y la sujetaremos con alfileres. Véase el capítulo 4 para instrucciones detalladas.

4   Comenzaremos a coser (pasando pespuntes inversos de refuerzo) a 13 mm del taladro o de la marca de tiza para cerciorarnos de que el pespunte llega hasta el taladro. Debemos asegurarnos de que la aguja dé un par de puntadas atravesando el tejido exactamente sobre el doblez de la línea de pespunteado.

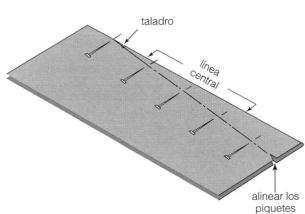

taladro

línea central

alinear los piquetes

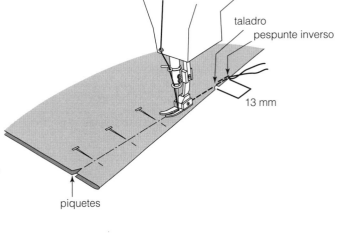

taladro
pespunte inverso

13 mm

piquetes

5   Siguiendo la línea de pespunteado sin desviarnos, seguiremos cerrando la pinza con un pespunte que discurra desde el vértice hasta el final de pinza, situado en su parte más ancha (indicada por los piquetes). Remataremos la costura con un pespunte inverso y cortaremos los hilos.

6   Plancharemos el tejido sobrante solo por el revés del tejido, hacia el centro o hacia la parte inferior de la prenda. Usaremos una almohadilla de sastre para dar forma a la zona de la pinza. Véanse las técnicas de planchado descritas en el capítulo 1.

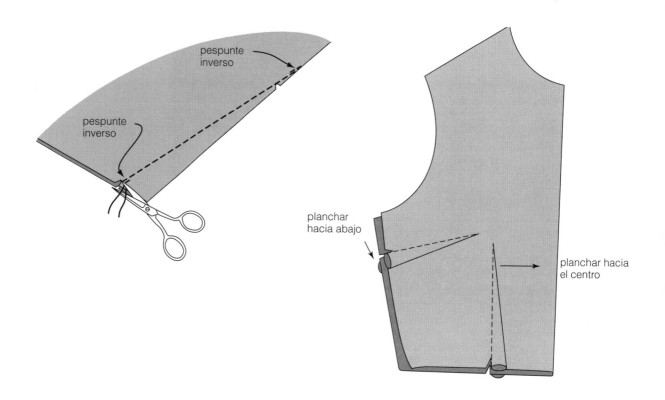

pespunte inverso

pespunte inverso

planchar hacia abajo

planchar hacia el centro

CONSEJO DE COSTURA

A la hora de planchar pinzas, pondremos un trozo de papel entre la pinza y el tejido para evitar que deje marcas en el derecho de la prenda.

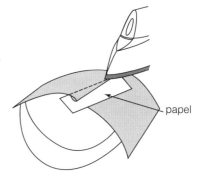

papel

Pinza curva en disminución

La **pinza curva en disminución** permite un ajuste más contorneado al busto de la parte superior de la prenda y de las prendas de escote *halter* confeccionadas en tejidos de calada. La pinza francesa suele estar en la costura lateral.

CÓMO TRANSFERIR AL TEJIDO LAS MARCAS DE UNA PINZA CURVA EN DISMINUCIÓN

Transferiremos las marcas del patrón al revés del tejido utilizando la tiza de marcar.

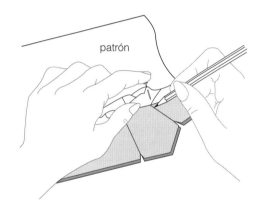

patrón

1 Encararemos los derechos del tejido y doblaremos la pinza hasta que coincidan los piquetes. Seguiremos doblando la pinza a lo largo de la línea central hasta alcanzar la marca de tiza o el taladro, asegurándonos de que la pinza mantiene su forma.

2 En caso necesario, dibujaremos la línea de pespunteado con tiza y la sujetaremos con alfileres.

3 Comenzaremos a coser (pasando pespuntes inversos de refuerzo) a 13 mm del taladro o de la marca de tiza para asegurarnos de que el pespunte llegue hasta el taladro. Debemos cerciorarnos de que la aguja dé un par de puntadas atravesando el tejido exactamente sobre el doblez de la línea de pespunteado.

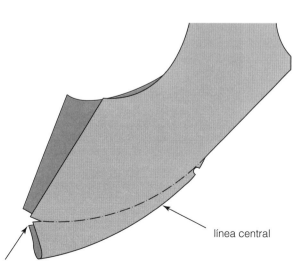

línea central

alinear los piquetes

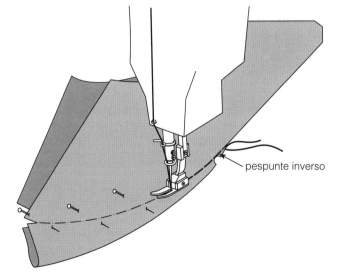

pespunte inverso

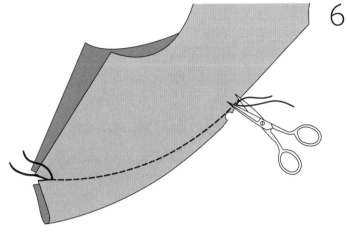

6 Plancharemos los márgenes de costura (solo por la parte del revés) hacia el centro o abajo. Utilizaremos la almohadilla de sastre para dar forma a la zona de la pinza.

4 Siguiendo con precisión la línea de pespunteado, seguiremos cosiendo a partir del vértice y hacia la parte más ancha del final de pinza (es decir, hacia los piquetes). Remataremos la costura con un pespunte inverso y cortaremos los hilos.

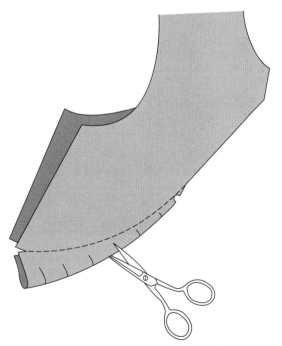

(CONSEJO DE COSTURA) **Al planchar la pinza, colocaremos un trozo de papel entre esta y el tejido para que no deje marcas en el derecho de la prenda.**

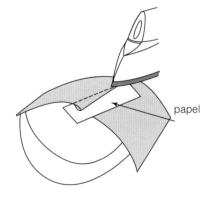

papel

5 Haremos unas muescas en el tejido sobrante del pliegue para que la pinza no tire de la prenda y describa una curva suave.

Pinza rebajada o vaciada

Las **pinzas rebajadas o vaciadas** se utilizan en prendas que requieren pinzas muy anchas (principalmente, en delanteros de corpiños). Una pinza rebajada reduce el grosor acumulado en la zona de la pinza ya acabada, ya que el tejido sobrante del centro de la pinza ha sido recortado. Este tipo de pinza se utiliza en blusas y vestidos realizados en tejido plano que presentan pinzas muy pronunciadas. La pinza se cierra mediante un pespunte y después se plancha.

CÓMO TRANSFERIR AL TEJIDO LAS MARCAS DE UNA PINZA REBAJADA

Transferiremos las marcas de la pinza desde el patrón al revés del tejido:

A Eliminaremos el tejido sobrante de la pinza cortando a lo largo de la línea de corte del patrón.

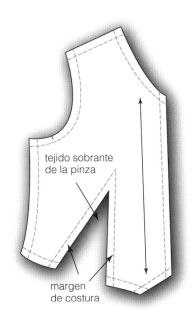

tejido sobrante de la pinza

margen de costura

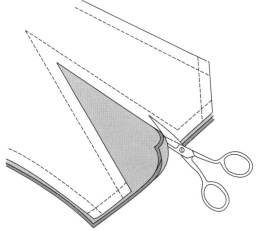

B Transferiremos los piquetes que marcan los finales de pinza haciendo unas muescas.
C Haremos un taladro o marcaremos con tiza un punto situado a 13 mm antes del vértice de la pinza.

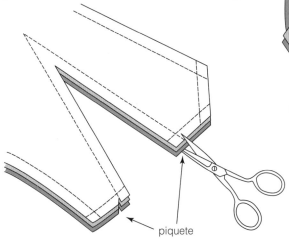

piquete

1   Encarando los derechos del tejido, doblaremos la pinza hasta que coincidan los piquetes del final de pinza. Seguiremos doblando la pinza a lo largo de sus márgenes de costura hasta alcanzar el taladro o la marca de tiza.

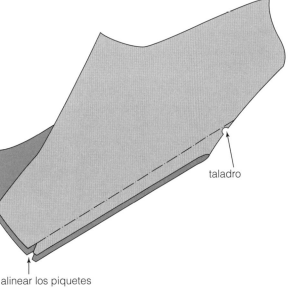

taladro

alinear los piquetes

2 Si es necesario, sujetaremos el tejido con alfileres y dibujaremos con tiza la línea de pespunteado.

3 Comenzaremos a coser la pinza (pasando pespuntes inversos de refuerzo) a 13 mm del taladro o de la marca de tiza para cerciorarnos de que el pespunte llegue hasta el taladro.

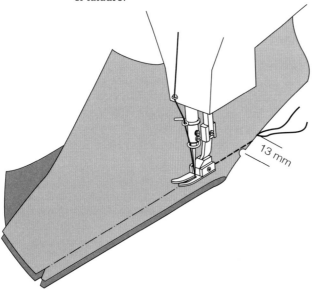

4 Siguiendo con precisión el margen de costura y la línea de pespunteado, seguiremos cosiendo a partir del vértice y hacia la parte más ancha del final de la pinza (es decir, hacia los piquetes). Remataremos la costura con un pespunte inverso y cortaremos los hilos.

5 Abriremos y plancharemos los márgenes de costura, ayudándonos de una almohadilla de sastre.

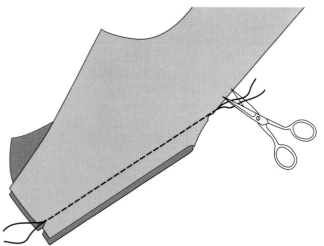

Pinza de entalle

Una **pinza de entalle** es una pinza con dos vértices que se utiliza para ajustar la prenda al cuerpo en la zona de la cintura. Su longitud y su anchura varían.

CÓMO TRANSFERIR AL TEJIDO LAS MARCAS DE UNA PINZA DE ENTALLE

Transferiremos las marcas del patrón al reverso del tejido:

A Prenderemos con alfileres el patrón y ambas hojas de tejido a 13 mm de cada extremo de la pinza. Haremos una marca con tiza o un taladro con el punzón.

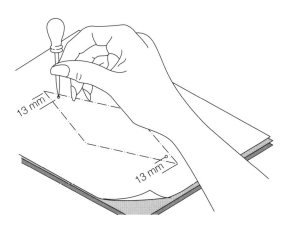

B Marcaremos un punto con tiza (o haremos un taladro) en el centro de la pinza. Marcaremos dos puntos situados a 3 mm hacia el interior de la pinza en la parte más ancha de la misma.

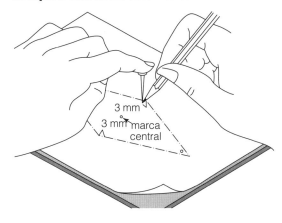

1 Manteniendo los derechos del tejido encarados, doblaremos la pinza de modo que las marcas superior, inferior y central formen un pliegue continuo. Esto será el pliegue central de la pinza.

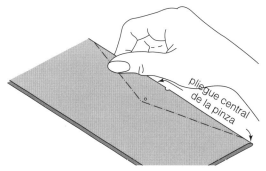

2 Pasaremos un pespunte que comience 13 mm más allá de la marca superior, que pase 3 mm más allá de la marca central y que finalice 13 mm más allá de la marca inferior.

3 Plancharemos la pinza por el revés del tejido. Haremos una muesca en el pliegue a la altura del centro de la pinza. Plancharemos la pinza acabada hacia el centro de la prenda.

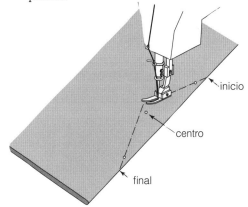

PLIEGUES

Un **pliegue** es un doblez formado por tejido sobrante en el canto de una prenda. Se realiza doblando la tela sobre sí misma para crear un pliegue que, a su vez, genera una capa subyacente de tejido de entre 16 y 50 mm de anchura.

Los pliegues se emplean:

- Aislados o en serie.
- En la cintura, el hombro o la línea de la cadera.
- Por debajo del canesú del cuerpo o de la falda.
- Para recoger la holgura de la bocamanga hasta formar un puño.
- En la copa de manga, como detalle de diseño.
- En blusas, corpiños o chaquetas para conferir holgura a la zona del busto o del hombro.

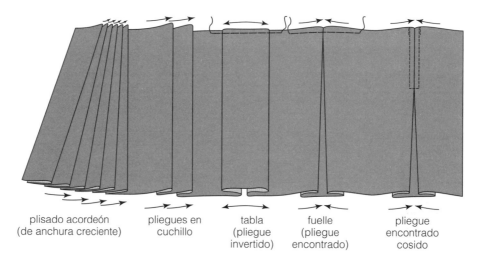

plisado acordeón (de anchura creciente)   pliegues en cuchillo   tabla (pliegue invertido)   fuelle (pliegue encontrado)   pliegue encontrado cosido

Los pliegues pueden plancharse o dejarse sin planchar. Podemos plancharlos y fijarlos en su lugar mediante un pespunte en la línea de costura o bien plancharlos hacia un lado y después fijarlos con un pespunte lateral. Los pliegues crean un efecto suave en los puntos de desahogo, lo que permite amoldar las prendas a las zonas curvas del cuerpo.

Un **pliegue suelto** es un **pliegue sin planchar** que no presenta un quiebre marcado, lo que genera un efecto suave en bocamangas y cinturas de faldas.

Los **pliegues planchados** presentan un quiebre claramente marcado que se mantiene durante toda la longitud del pliegue. Estos pliegues pueden presentarse a intervalos regulares o formar parte de una costura, sujetos en su lugar mediante un pespunte y fijados con ayuda de la plancha.

Los tipos más habituales de pliegues planchados son:
- El plisado acordeón.
- El pliegue encontrado o fuelle.
- El plisado soleil.
- La tabla o pliegue invertido.
- El pliegue Dior.
- Los pliegues en cuchillo.
- Los pliegues cosidos.

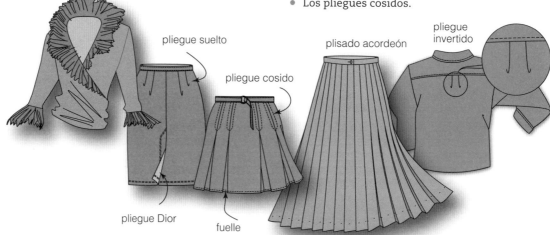

pliegue suelto

pliegue cosido

pliegue Dior

fuelle

plisado acordeón

pliegue invertido

Pliegues en cuchillo

Los **pliegues en cuchillo** se forman al plisar el tejido de manera permanente, formando dobleces dispuestos en una única dirección. Estos pliegues pueden presentarse agrupados o como series dispuestas de manera uniforme en el contorno de la prenda.

Sobre el patrón, cada pliegue está indicado por dos líneas verticales que van desde la línea de cintura (o desde una línea de diseño) hasta el bajo de la prenda. Una de las líneas indica dónde debe realizarse el quiebre (o doblez) superior del pliegue y la otra indica la posición de este último. Cada pliegue presenta una profundidad uniforme sobre la línea de cintura o la línea de diseño.

CÓMO TRANSFERIR AL TEJIDO LAS MARCAS DE LOS PLIEGUES DE CUCHILLO

A Marcaremos con piquetes los finales de pliegue.
B Levantaremos el patrón y, con una regla y la tiza o jaboncillo, marcaremos las líneas de pliegue usando las muescas de los piquetes como guía.

MÉTODO ALTERNATIVO

Marcaremos las líneas de doblez con hilvanes pasados a mano, dando pequeñas puntadas cada 7,6 cm. Cortaremos el hilo entre puntada y puntada. Usaremos un hilo de un color para marcar la línea de doblez del pliegue y un hilo de otro color para marcar la línea de posición.

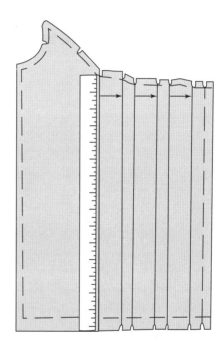

CONSEJO DE COSTURA

Podemos realizar el dobladillo del bajo de una prenda con pliegues de cuchillo antes de dar forma a los mismos, facilitando así el proceso de coger el bajo. Para utilizar este método, es necesario conocer con antelación el largo definitivo que queremos dar a la prenda acabada.

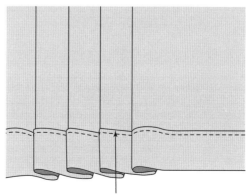

hacer el dobladillo antes de plisar

1 Daremos forma a cada pliegue doblando el tejido a lo largo de las líneas de pliegue y haciendo coincidir el pliegue con la línea de posición. Sujetaremos el doblez con alfileres en toda su longitud y pasaremos hilvanes para mantenerlo en su lugar.

2 Pasaremos un hilván en la parte superior de los pliegues para fijarlos en su sitio.

3 Plancharemos los pliegues por el derecho del tejido utilizando un lienzo de planchar. Para obtener un aspecto menos aprestado, plancharemos con poca presión; para obtener unos pliegues bien definidos, aplicaremos más presión. Giraremos la prenda del revés y volveremos a planchar.

4 Coseremos la pieza contigua (por ejemplo, corpiño, canesú o cinturilla).

VARIANTE DE LOS PLIEGUES DE CUCHILLO

Para hacer pliegues de cuchillo cosidos, pasaremos un pespunte de carga cerca del canto doblado, partiendo del bajo y cosiendo hacia la zona donde el pliegue deba ir cosido a la falda.

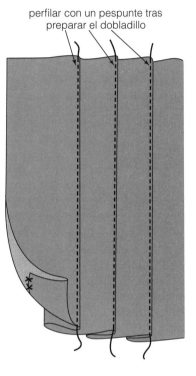

perfilar con un pespunte tras preparar el dobladillo

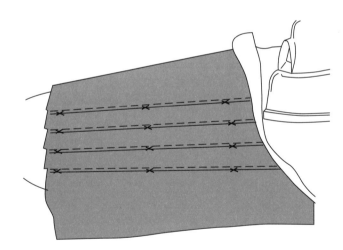

Fuelle o pliegue encontrado

El fuelle presenta dos pliegues encontrados de igual profundidad; se trata de dos pliegues suaves (sin planchar) que confieren holgura adicional a determinadas secciones de una prenda. Para fijar el fuelle, pasaremos un pespunte por el extremo en que se encuentran ambos pliegues. El pliegue encontrado se utiliza en líneas de diseño como los canesúes, las costuras de cintura de pantalones y faldas, y las bocamangas.

1   Colocaremos el tejido con el derecho hacia arriba y lo doblaremos a lo largo de las líneas de pliegue, haciendo que ambos pliegues coincidan en el centro.

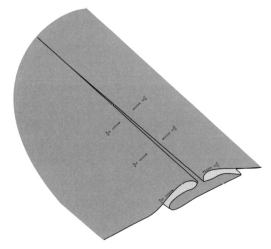

3   Aplanaremos el pliegue con la plancha.

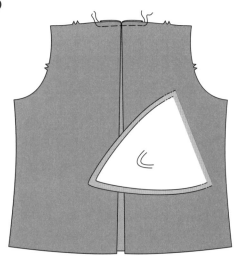

2   Pasaremos un hilván a lo largo de la sección superior de los pliegues para fijarlos en su lugar.

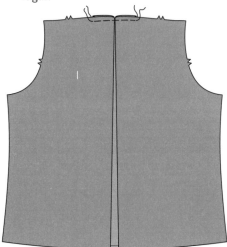

Pliegue inserto en costura

El **pliegue inserto en costura** es un pliegue adicional de tejido que se integra en la prenda mediante una costura, generalmente longitudinal, y que después se plancha y se fija en su lugar mediante un pespunte de carga. Después de insertar el pliegue a la prenda, podemos crear diversos tipos de pliegues, dependiendo de la dirección en que lo planchemos:

- **Tabla:** formada por pliegues espaciados cuyos quiebres se alejan entre sí.
- **Pliegue encontrado:** formado por pliegues espaciados con dobleces encarados (es decir, en dirección opuesta a los dobleces de la tabla).
- **Pliegue Dior:** formado por pliegues espaciados cuyos quiebres van planchados en una misma dirección.

1   Con los derechos del tejido encarados, haremos coincidir las costuras del pliegue.

2   Pasaremos un pespunte normal a máquina desde el extremo superior de la costura hasta el extremo inferior de la costura del pliegue.

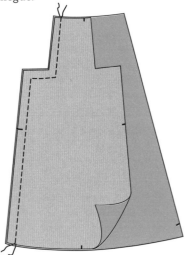

3   Plancharemos el margen de costura y el pliegue en la dirección que deseemos darle.

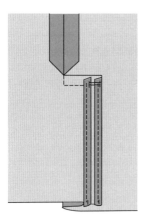

4   Giraremos la prenda del derecho y pasaremos un sobrepespunte o un pespunte perfilado.

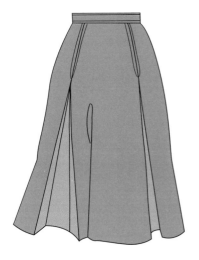

ALFORZAS

Una **alforza** consiste en recoger en el canto de la prenda una determinada cantidad de tejido sobrante, y hacerla converger hasta uno o varios puntos de desahogo.

Existen dos tipos básicos de alforza:
- Alforzas de holgura (o alforzas sueltas).
- Lorzas (o nervios).

Las **alforzas de holgura o sueltas** se utilizan para controlar y liberar holgura, así como para crear detalles de diseño. Las **lorzas** son pliegues cosidos paralelos y equidistantes. Ambos tipos de alforza pueden realizarse tanto en el interior como en el exterior de la prenda.

Las alforzas pueden utilizarse:
- Para controlar la holgura o crear efectos decorativos.
- En el delantero del cuerpo, para liberar tejido a la altura de la cintura, del hombro o del centro del delantero, dando forma al busto.
- En la espalda del cuerpo, en la zona de la cintura o del hombro, para liberar tejido, permitiendo así que la prenda se amolde al contorno del cuerpo.
- En la línea de la cintura de faldas y pantalones (cortos o largos), para dar holgura a la zona de la cadera y del abdomen.
- En la cintura de las prendas de una sola pieza, para liberar tejido y volumen por encima y por debajo del área de la prenda que queda ceñida al cuerpo.
- En sustitución de las pinzas, para crear un efecto de diseño más suave.

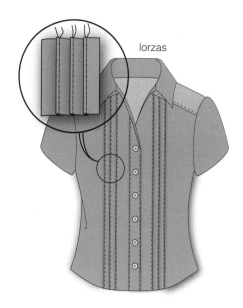

lorzas

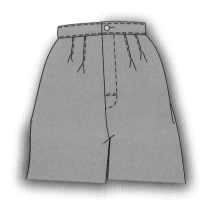

Alforza de holgura

Las **alforzas de holgura** se utilizan para controlar el volumen de una prenda y liberarlo en la zona deseada, como el busto o las caderas; el volumen también puede liberarse a ambos extremos de la alforza. La distancia entre alforzas dependerá del efecto deseado en la prenda acabada. Las alforzas de holgura suelen utilizarse en la zona de la cintura de faldas y pantalones, y en la zona de los hombros.

CÓMO TRANSFERIR AL TEJIDO LAS MARCAS DE LAS ALFORZAS DE HOLGURA

Transferiremos las marcas de alforzas del patrón sobre el revés del tejido como sigue:

A Señalaremos con un muesca los piquetes que marcan el final de la alforza.

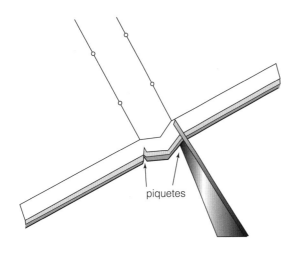

piquetes

B Prenderemos el patrón y las dos hojas de tejido con un alfiler. Marcaremos con tiza la línea de pespunteado.

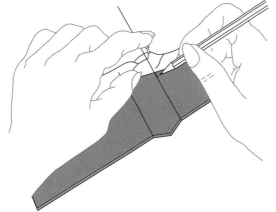

1 Encararemos los derechos del tejido y doblaremos la alforza hasta que coincidan los piquetes.

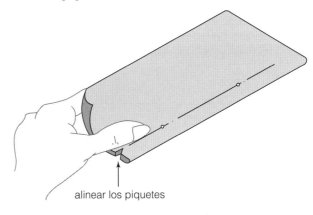

alinear los piquetes

2 Seguiremos doblando el tejido (y sujetándolo con alfileres si es necesario) hasta el final de la alforza.

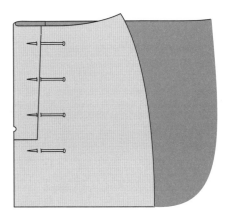

3 Comenzaremos a coser (pasando un pespunte inverso para reforzar la costura) partiendo de los piquetes del final de la alforza hasta el punto de desahogo (el extremo de la alforza).

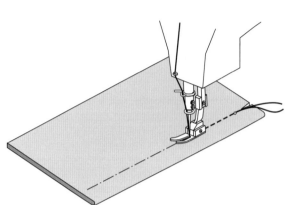

5 Plancharemos las alforzas en la dirección deseada, que suele ser el centro de la prenda.

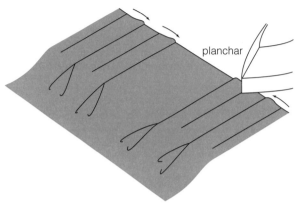

planchar

4 Si queremos, podemos hacer un pespunte perpendicular para completar la alforza.

piquetes

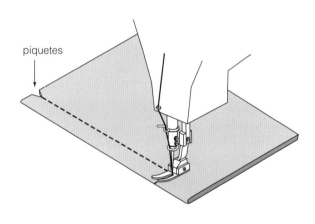

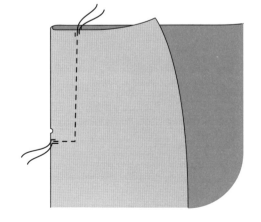

Lorzas

Las **lorzas** son dobleces de tejido de poca anchura (entre 3 y 9 mm) cosidos con una costura permanente. Utilizando lorzas de diversa anchura y longitud podemos añadir interesantes detalles de diseño a una prenda. Las lorzas pueden disponerse en toda la longitud de la prenda o terminar en un punto concreto. Dependiendo del diseño, la anchura de las lorzas y la distancia entre ellas puede ser variable.

1   Marcaremos las líneas de pespunteado de cada lorza sobre la cara del tejido donde realizaremos la costura. Si vamos a coser las lorzas por el derecho del tejido, usaremos hilvanes para marcarlas.

2   Doblaremos y plancharemos cada lorza, haciendo coincidir las líneas de pespunteado.

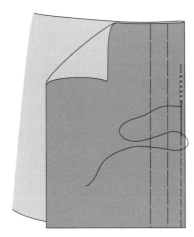

4   Plancharemos las lorzas para aplanarlas y después volveremos a plancharlas hacia un lado, como requiera el diseño.

3   Coseremos las lorzas por el lado visible de las mismas, a lo largo de la línea de pespunteado, tomando como guía la línea de pliegue de la lorza.

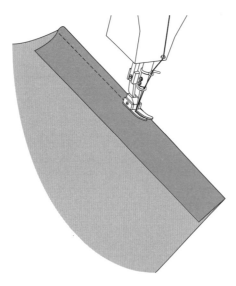

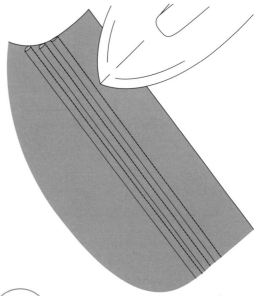

CONSEJO DE COSTURA

- Podemos incorporar las lorzas a una prenda cosiéndolas antes de cortar las piezas del patrón.
- Las máquinas de coser vienen provistas de prensatelas para lorzas que utilizan agujas gemelas para coserlas con precisión.

Prensatelas para lorzas número 30 de la marca Bernina.

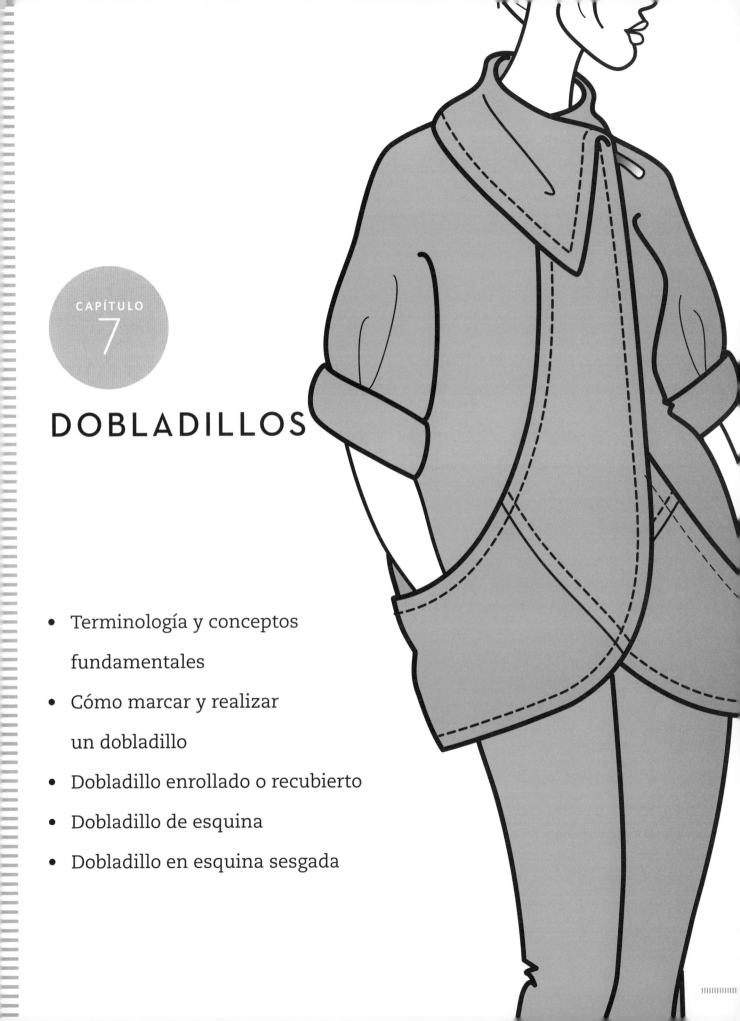

DOBLADILLOS

- Terminología y conceptos fundamentales
- Cómo marcar y realizar un dobladillo
- Dobladillo enrollado o recubierto
- Dobladillo de esquina
- Dobladillo en esquina sesgada

TERMINOLOGÍA Y CONCEPTOS FUNDAMENTALES

Un **dobladillo** es un tipo de acabado que se aplica a los cantos inferiores sin pulir de faldas, vestidos, blusas, mangas o pantalones, y que evita que se deshilachen o se rasguen. El dobladillo se fija cosiendo a mano o a máquina. El tipo de dobladillo que se vaya a utilizar dependerá del tipo de tejido y del diseño de la prenda. Los dobladillos se presentan:

- Doblados hacia el interior de la prenda y rematados a mano.
- Doblados hacia el exterior de la prenda, a modo de acabado decorativo.
- Sin doblar, rematados con un punto decorativo como, por ejemplo, un remallado de caracolillo.

El **margen de dobladillo** es la prolongación en el extremo inferior de faldas, vestidos, blusas, mangas y pantalones que doblaremos hacia arriba y coseremos utilizando el punto para dobladillos más indicado.

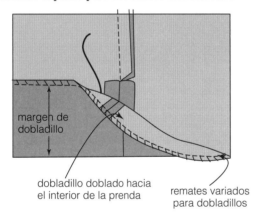

margen de dobladillo

dobladillo doblado hacia el interior de la prenda

remates variados para dobladillos

La **línea del dobladillo** es la línea a lo largo de la cual doblaremos, acabaremos o coseremos la vista del dobladillo.

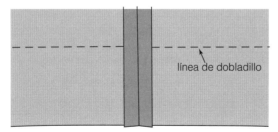

línea de dobladillo

Fijaremos el dobladillo en su lugar haciendo una costura a mano o a máquina, o utilizando algún material adhesivo.

- El pespunte de los dobladillos hechos a máquina se ve por la parte exterior de la prenda.
- El dobladillado a mano (para el que se emplean una enorme variedad de puntadas) fija el dobladillo a la parte interior de la prenda y no es visible desde el exterior de la misma.
- Los dobladillos también pueden fijarse mediante materiales adhesivos, como alternativa a los dobladillos hechos a mano o a máquina.

dobladillo cosido a mano

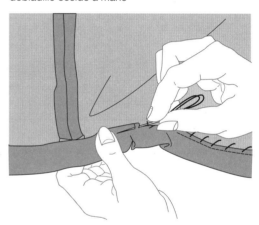

dobladillo cosido a máquina

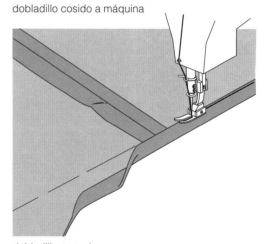

dobladillo pegado

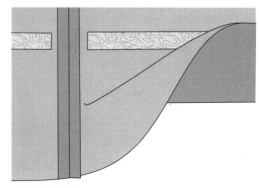

Podemos utilizar **varios remates decorativos para pulir el borde de un dobladillo**. A veces se utilizan accesorios especiales para la máquina de coser que imitan las puntadas y la apariencia de un dobladillo cosido a mano.

A continuación enumeramos algunos ejemplos de dobladillos con acabados especiales o decorativos:

- Remallado de caracolillo: sobrehilado que se realiza con remalladora sobre el borde sin doblar, estirando el género de punto o el tejido arrugado a medida que pasa por la máquina.
- Dobladillo con vista: se cose a la prenda una pieza independiente de tejido.
- Pulido con cinta adhesiva o con cinta al bies.
- Dobladillo enrollado o cubierto: se crea un remate estrecho en el canto exterior del bajo sobrehilando con máquina recubridora.
- Remate decorativo: puede ser encaje, cinta al bies, cinta adhesiva o redecilla.
- Bajo emballenado: se realiza un dobladillo estrecho y se enjareta un cordón delgado de plástico (como, por ejemplo, sedal de pesca).
- Dobladillo entretelado: requerido, en ocasiones, por las americanas de tipo sastre, los tejidos de trama abierta o los géneros de punto.
- Dobladillo enrollado a mano: se utiliza en tejidos finos o delicados. Para hacerlo, enrollaremos el tejido entre los dedos y lo coseremos con puntadas cortas a mano.

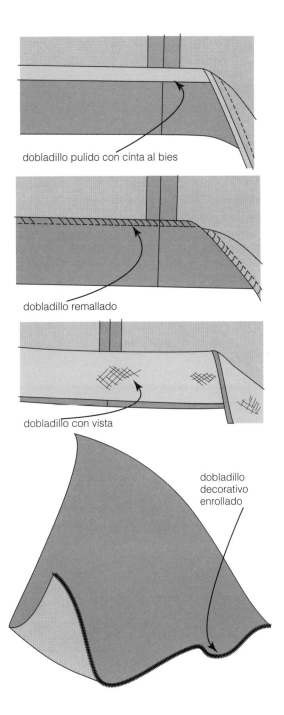

dobladillo pulido con cinta al bies

dobladillo remallado

dobladillo con vista

dobladillo decorativo enrollado

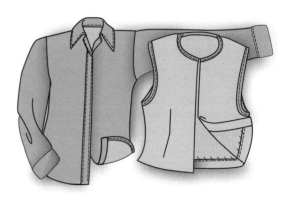

CÓMO MARCAR Y REALIZAR UN DOBLADILLO

1   La longitud de la prenda dependerá de la moda de la temporada en curso, del estilo de la prenda y de las preferencias personales. Usando una vara de medir, marcaremos el bajo a la longitud deseada. Si la prenda no se ha confeccionado correctamente o si la persona está encorvada al tomar la medida, la medida del bajo respecto al suelo no será uniforme.

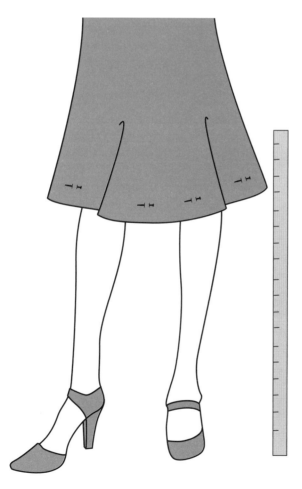

2   Tras determinar la longitud a la que realizaremos el bajo de la prenda, mediremos su ancho (que suele ser de entre 2,5 y 3,8 cm) y cortaremos el tejido sobrante.

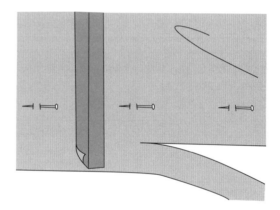

3   Debemos pulir el canto del dobladillo para evitar que se deshilache. Para ello, podemos rematarlo con cinta al bies, doblar el canto (menos de 6 mm) y pasar un pespunte, remallarlo o sobrehilarlo a mano.

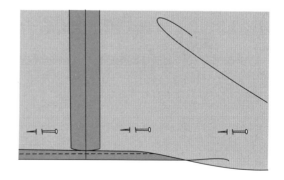

4 Con el revés del tejido encarado hacia nosotros, doblaremos hacia arriba el bajo hasta la posición deseada y lo sujetaremos con alfileres.

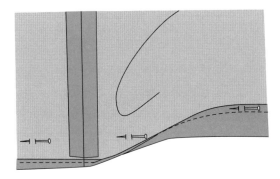

5 Escogeremos el tipo de puntada para dobladillo más adecuado y coseremos el bajo (véanse las puntadas a mano para dobladillos en las páginas 91 y 92).

NOTA: Si la prenda es acampanada, debemos reducir el recorrido del dobladillo. Para ello, embeberemos el canto exterior del mismo antes de rematarlo. Véase el método para embeber en la página 87.

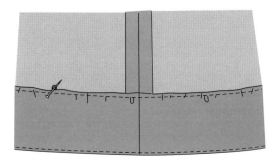

6 Tras coser todo el dobladillo con el pespunte elegido, lo plancharemos para fijarlo, asegurándonos de que queda plano y bien planchado desde el interior de la prenda.

NOTA: Para evitar que, al plancharlo, el dobladillo deje marcas en el derecho del tejido, colocaremos una tira de papel o un lienzo de planchar entre el dobladillo y la prenda.

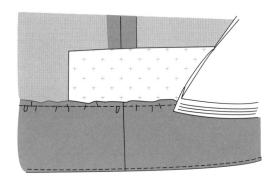

DOBLADILLO ENROLLADO O RECUBIERTO

Un **dobladillo enrollado o recubierto** es un dobladillo que presenta un pespunte distintivo realizado con máquina recubridora. Este pespunte se utiliza para rematar los bajos de faldas y vestidos y para pulir los cantos de los fulares, dándoles un acabado de aspecto satinado.

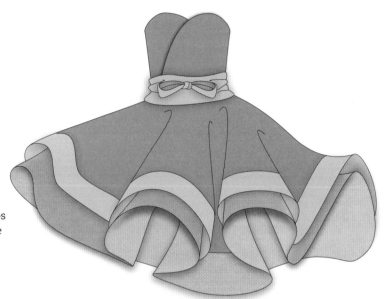

En la industria de la confección se utilizan remalladoras industriales especiales, llamadas recubridoras, para hacer dobladillos enrollados; las remalladoras domésticas deben venir equipadas con una función especial para hacer este tipo de dobladillo, que no requiere doblado ni pespunteado adicional.

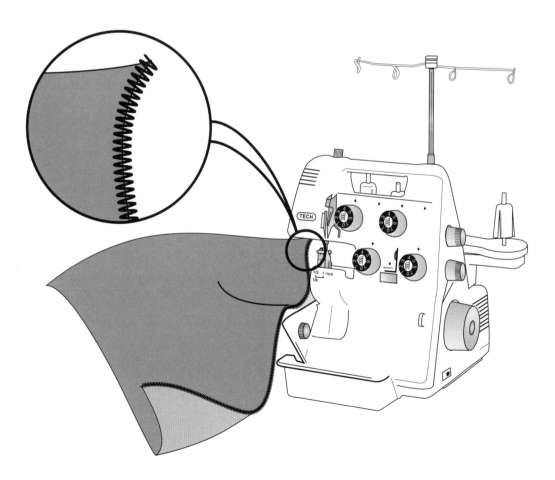

DOBLADILLO EN ESQUINA

El **dobladillo en esquina** se utiliza para rematar el área donde la vista de una tapeta frontal de botones se encuentra con el bajo de la blusa, vestido, americana o falda. Utilizando este método, el bajo de la prenda quedará automáticamente doblado hacia el interior de la misma.

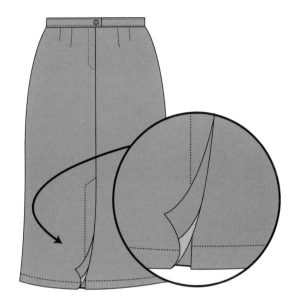

1 Doblaremos la vista hacia la prenda a lo largo de la línea de doblez, encarando los derechos del tejido.

2 Coseremos la vista a la prenda pasando un pespunte a máquina a lo largo de la línea de dobladillo.

3 Recortaremos la esquina y volveremos la vista hacia el revés de la prenda.

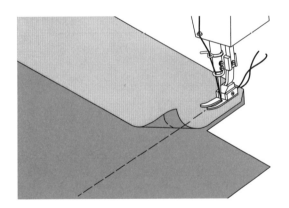

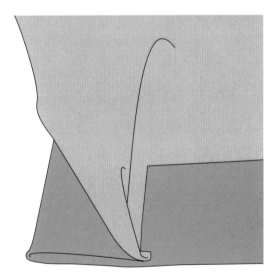

DOBLADILLO EN ESQUINA SESGADA

El **dobladillo en esquina sesgada** se utiliza cuando queremos rematar un bajo al formar una esquina bien definida con una línea diagonal que parte de su vértice. Estos dobladillos pueden usarse en artículos como toallas, manteles y salvamanteles.

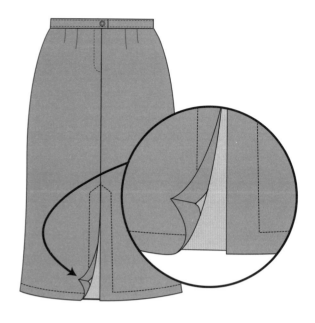

1 Doblaremos hacia atrás la anchura del dobladillo, haciendo coincidir los cantos del margen de costura o del margen del dobladillo en diagonal sobre la esquina. Debemos asegurarnos de que los derechos de la tela estén encarados.

2 Partiendo del vértice de la esquina, haremos un pespunte en diagonal.

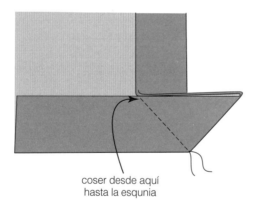

coser desde aquí hasta la esqunia

3 Recortaremos el tejido sobrante, dejando un margen de costura de 6 mm a partir de la línea de pespunteado. Plancharemos y abriremos la costura.

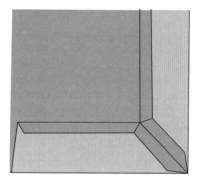

4 Volveremos el dobladillo hacia el interior de la prenda (es decir, hacia el revés) y lo remataremos con un pespunte a mano o a máquina.

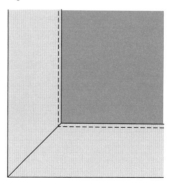

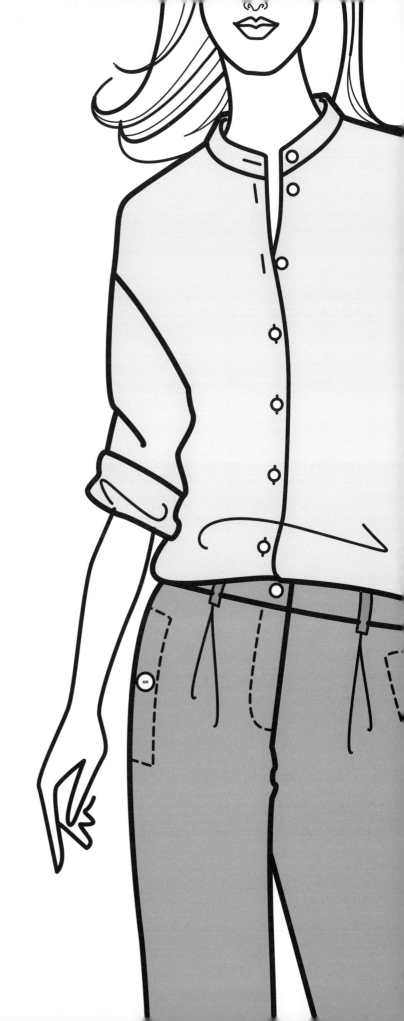

TERMINOLOGÍA Y CONCEPTOS FUNDAMENTALES

Los **cierres** se utilizan para abrochar las prendas. Están diseñados con diversas finalidades, que pueden ser tanto funcionales como decorativas; así, focalizan la atención en el diseño de una prenda y realzan el aspecto de la misma. El tipo de cierre seleccionado dependerá del diseño y funcionalidad de la prenda, y del tejido y su gramaje. En la categoría de cierres encontramos los siguientes elementos:

- **Botones**: disponibles en multitud de materiales, naturales o artificiales, incluyendo madreperla, madera, fibra, vidrio, gemas, plástico, acero y otros metales. Los botones pueden estar forrados con tejido u otros materiales que sirvan como complemento a la prenda. Existen dos tipos de botones:
  - El botón perforado, que cuenta con dos o cuatro agujeros que permiten unirlo a la prenda.

botón perforado de dos agujeros

botón perforado de cuatro agujeros

  - El botón con pie, que posee una extensión de metal, tela, plástico o hilo bajo su superficie que permite coserlo a la prenda.

pie de metal

pie de tela

pie de hilo

- Las **hebillas** se presentan en diversas formas y tamaños; se usan para abrochar cinturones o trabillas.
- Los **corchetes** están disponibles en múltiples tamaños y modelos; están diseñados como mecanismos de cierre para las prendas.

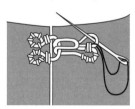

- El **cierre por contacto** está formado por dos tiras de nailon, una con ganchos diminutos y la otra con una superficie formada por fibras en bucle. Al juntar ambas tiras, los ganchos y bucles se entrelazan. Este tipo de cierre se presenta en tamaños, formas y colores variados.

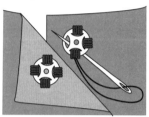

- Los **broches automáticos** están formados por dos placas circulares machihembradas. Se encuentran en diversos tamaños y se utilizan para abrochar las partes de la prenda que requieran un cierre que no abulte.
- Los **ojetes metálicos** son pequeños aros de metal con una abertura de unos 6 mm por los que se introducen cintas o cordones, y que añaden a la prenda un detalle de diseño.
- Las **cremalleras** sirven para abrir y cerrar prendas. Están formadas por dientes de metal o espirales sintéticas que cierran la prenda al quedar trabadas a modo de engranaje.

CONSEJO DE COSTURA

Utilizaremos un calibrador de modistería para espaciar con facilidad y de manera uniforme botones, ojales, pliegues y alforzas. Este calibrador es extensible, lo que le permite medir cualquier distancia.

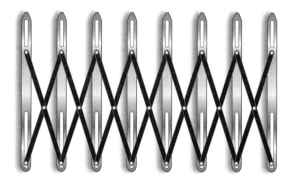

BOTONES Y OJALES

Ojales

Un **ojal** es una abertura pulida del tamaño necesario para acomodar un botón. Los ojales se utilizan en todo tipo de cantos superpuestos o cruzados, como puños, cinturillas o blusas. Existen tres tipos de ojales:

A Los ojales hechos a máquina, que suelen realizarse con un prensatelas especial o con un pespunte en zigzag.

B Los ojales tipo sastre, que se confeccionan con tiras de tejido adicionales antes de coser las vistas a la prenda.

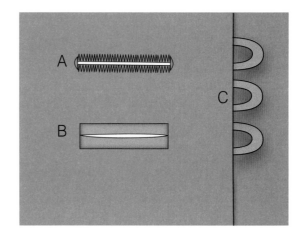

C Las presillas, elaboradas con canutillos de tejido al bies, con hilo o cordón. Están diseñadas para colocarse en el canto de la prenda, y actúan como una prolongación de la misma.

Posición de los ojales

Los ojales de las prendas femeninas o infantiles se sitúan en el lado derecho de las aberturas de la prenda; los ojales de las prendas para hombre y para chico se colocan a la izquierda. Los ojales suelen ponerse transversalmente, a excepción de las tapetas de las camisas, donde suelen colocarse en sentido longitudinal.

Algunas máquinas de coser cuentan con accesorios para hacer ojales; es conveniente consultar las instrucciones para el uso correcto de estos accesorios en el manual que acompaña a la máquina. Los ojales también pueden realizarse utilizando el pespunte en zigzag de la máquina de coser.

En los patrones se indica la posición de los ojales, aunque la distancia entre ellos puede modificarse para adaptarla a los ajustes que hayamos introducido en el diseño de la prenda.

Marcaremos con tiza la anchura del botón correspondiente al ojal, vertical u horizontal, sobre la línea central del delantero.

Los **ojales horizontales** se sitúan 3 mm más allá de la línea central de la prenda, extendiéndose (en una longitud equivalente a la del botón) hacia la prenda (nunca hacia el canto del cruce).

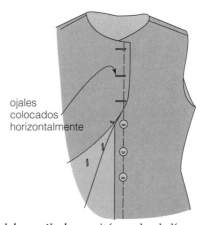

ojales colocados horizontalmente

Los **ojales verticales** se sitúan sobre la línea central de la prenda o de la tapeta, nunca sobre el canto de las mismas. La distancia entre ojales verticales la establecerá el diseño de la prenda.

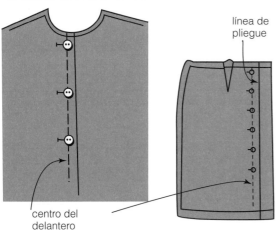

línea de pliegue

centro del delantero

Confección de ojales a máquina

Los ojales pueden hacerse a máquina (incluso aunque esta no disponga de los accesorios necesarios para hacer ojales) siempre que cuente con una función de pespunte en zigzag. Colocaremos la placa de la aguja y el prensatelas especiales para zigzag en la máquina. Ajustaremos el selector de longitud de puntada en la posición más corta y el de anchura de zigzag en la posición intermedia.

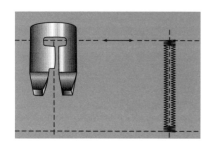

1 Trabajaremos con el derecho de la prenda hacia arriba. Insertaremos la aguja en el tejido en uno de los extremos del ojal. Pasaremos lentamente un pespunte en zigzag en toda la longitud deseada del ojal. Finalizaremos este zigzag con la aguja hacia abajo en uno de los lados de la abertura del ojal.

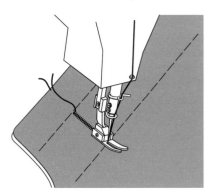

2 Sin subir la aguja, levantaremos el prensatelas y giraremos la prenda 180°, tomando la aguja como pivote.

3 Subiremos la aguja y ajustaremos el selector de anchura del zigzag en su posición más amplia. Daremos unas cinco puntadas en el extremo del ojal; esto es lo que se conoce como hacer un **atacado**.

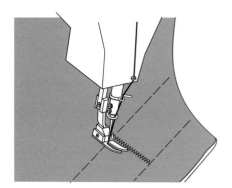

4 Subiremos la aguja y ajustaremos el selector de anchura del zigzag en la posición intermedia. Coseremos el otro lado del ojal en toda su longitud.

5 Subiremos la aguja y ajustaremos el selector de anchura del zigzag en su posición más amplia. Daremos cinco puntadas en este extremo del ojal para rematarlo con otro atacado.

6 Abriremos el ojal cortando el tejido situado en medio de los zigzags utilizando un abreojales o unas tijeras afiladas.

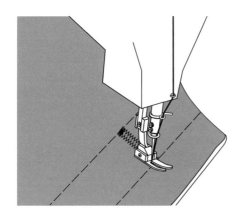

Presillas

Las presillas se realizan con canutillos de tejido al bies que sobresalen del canto de la prenda, por lo que no es necesario prolongar el canto de la prenda para darle cruce.

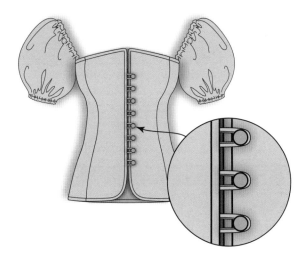

1 El canutillo al bies debe tener longitud suficiente como para cortar tantas presillas como sea necesario. Cada presilla debe ser lo suficientemente larga como para que el botón pase a través de ella, dejando margen de costura en cada uno de sus extremos.

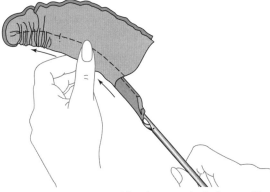

2 Haremos pasar el botón a través de la presilla de canutillo al bies para calcular la longitud de la misma.

3 Haremos una copia de la vista de la prenda en papel manila, marcando la línea de pespunteado. Trazaremos una segunda línea que marque la anchura necesaria de la presilla. Esto garantizará que todas las presillas tengan exactamente la misma longitud.

4 Coseremos las presillas al patrón de papel mediante un pespunte, partiendo de la parte superior del mismo. Formaremos presillas que apunten en dirección contraria al canto de la prenda, coincidiendo con este y con la segunda línea que hemos dibujado en el patrón. Coseremos una a una todas las presillas sobre la línea de costura.

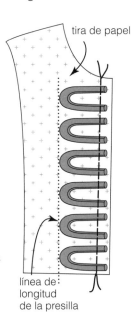

tira de papel

línea de longitud de la presilla

5 Fijaremos mediante alfileres el patrón de papel con las presillas cosidas al tejido exterior de la prenda, sobre el derecho del mismo. Prenderemos la vista con alfileres encima del patrón de papel.

6 Pasaremos un pespunte a lo largo de la línea de costura. Recortaremos los extremos de las presillas para reducir volumen. Arrancaremos el patrón de papel.

7 Recortaremos el margen de costura, volveremos la vista hacia el interior de la prenda y la plancharemos, extendiendo las presillas en dirección contraria a la prenda.

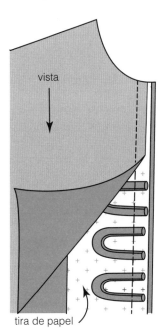

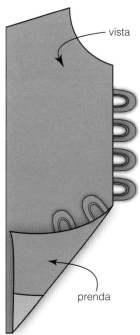

vista

vista

tira de papel

prenda

Colocación de botones

Es importante comprobar que el botón tenga el tamaño que le permita pasar a través del ojal. Un botón del tamaño adecuado evitará que la prenda se deforme o dé tirones.

Marcaremos la posición de los botones partiendo del cruce del cuello o de la parte superior de la prenda y haremos coincidir el centro de la prenda con la línea central del delantero. Cerraremos la prenda sujetándola con alfileres. Prenderemos un alfiler en el centro de la posición en que deseemos colocar el ojal y marcaremos esta posición en el lado en que se coserán los botones.

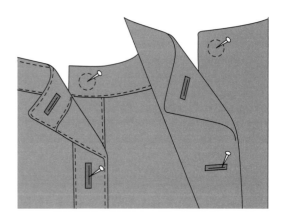

Cómo coser botones planos

A medida que cosamos el botón, crearemos un pie que evite que la prenda tire en el punto en que esté cosido.

1 Pasaremos varias veces el hilo a través de uno de los agujeros del botón (del revés al derecho de la prenda), pasándolo de nuevo hacia abajo (del derecho al revés) a través del otro agujero.

2 Intercalaremos un alfiler entre el hilo y el botón en el anverso de este. Seguiremos con el proceso de cosido tal y como se indica en el paso 1, dando varias puntadas.

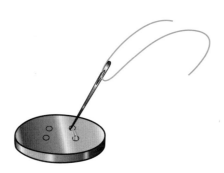

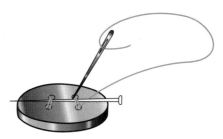

3 Retiraremos el alfiler y tiraremos suavemente del botón en dirección contraria a la prenda. Veremos que el hilo situado entre el botón y la prenda ha formado un pie, alrededor del cual enrollaremos el hilo para completar el proceso. Anudaremos y cortaremos el hilo en la base del pie.

Cómo coser botones con pie

Los botones con pie se recomiendan para cerrar prendas pesadas como, por ejemplo, abrigos. A la hora de coser el botón a la prenda, le añadiremos un pie adicional siguiendo un procedimiento similar al utilizado para crear el de los botones planos.

1 Daremos un par de puntadas pequeñas en la marca de ubicación del botón sobre la prenda.

2 Pasaremos el hilo repetidamente a través del pie del botón y del tejido. Mientras cosemos el pie, mantendremos el botón alejado de la prenda, a una distancia equivalente a la anchura de un dedo. Daremos unas seis puntadas siguiendo este método.

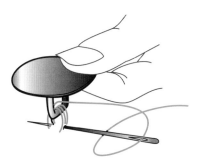

3 Con el botón alejado de la prenda, enrollaremos el hilo alrededor del pie creado por el propio hilo. Anudaremos y cortaremos el hilo en la base del pie.

CIERRE POR
CONTACTO (VELCRO)

La cinta de gancho y bucle (conocida por su nombre comercial, Velcro) se utiliza como sustituto de cremalleras, botones y cinturillas ajustables en prendas masculinas, femeninas e infantiles.
El Velcro puede encontrarse en multitud de anchuras y colores. Una de las hojas de la cinta está provista de ganchos y la otra, de bucles. Al presionar una de las hojas contra la otra, los ganchos y los bucles quedan engarzados; para separarlas, basta con tirar de ellas.

1   Colocaremos la hoja con los ganchos en la pieza inferior de la prenda y la coseremos mediante un pespunte perfilado en todo su contorno.

2   Colocaremos la hoja con los bucles sobre la pieza de la prenda que monta sobre la anterior y la coseremos mediante un pespunte perfilado en todo su contorno.

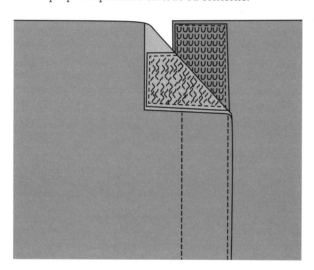

CORCHETES

Los corchetes se presentan en una amplia variedad de tamaños y modelos. El tipo de corchete que vayamos a usar vendrá determinado por el tipo de cierre y su posición en la prenda, como el extremo superior del cierre de cremallera de una cinturilla o de un escote.

El corchete universal (de presilla plana o curva) es el más utilizado, aunque también existe un corchete especial para cinturillas.

1. En primer lugar, colocaremos y coseremos el gancho con punto de remendar, dando puntadas que atraviesen el tejido alrededor del gancho y procurando que no se vean en la otra cara de la prenda. Finalizaremos con puntadas transversales en el extremo del gancho.

2. Cerraremos la prenda y haremos una marca o prenderemos un alfiler en el punto en que el gancho entra en contacto con la sección opuesta de la prenda. Posicionaremos la presilla y la coseremos con pespunte de remendar alrededor de sus extremos.

gancho   presilla plana   presilla curva

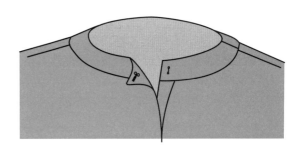

corchete universal con presilla plana

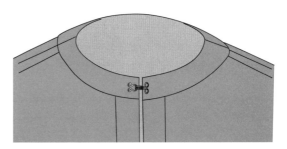

corchete universal con presilla curva

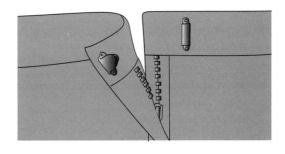

corchete especial para cinturillas

CREMALLERAS

Una **cremallera** es un sistema de cierre formado por dientes metálicos o espirales sintéticas que cierran completamente una prenda al trabarse entre sí. Las cremalleras están especialmente indicadas para abrir y cerrar una prenda, y se presentan en modelos y longitudes variados, que se cosen a las prendas siguiendo diversos métodos. El tipo de cremallera seleccionada dependerá de su ubicación en la prenda, del tipo de tejido y del diseño de la misma.

En la actualidad, las cremalleras se presentan en diferentes modelos indicados para todo tipo de tejidos y gramajes. Aquí se muestran una cremallera invisible con una cinta especial para tejidos finos, una cremallera con brillantes de imitación, cremalleras especiales para artículos de marroquinería y una cremallera con cinta de blonda, especial para prendas de encaje.

Existen tres tipos de cremallera:

La **cremallera convencional** se abre por su extremo superior y presenta un tope inferior. Este tipo de cremallera está disponible en varias longitudes y se utiliza para modelos de prendas que requieran una apertura superior, manteniendo su parte inferior cerrada. Esta cremallera se utiliza en:

- Aberturas de faldas y escotes.
- Pantalones largos y cortos.
- Bocamangas ajustadas.
- Costuras centrales de capuchas; la cremallera, al abrirse, permite convertirlas en un cuello.
- Bocamangas de mangas largas.
- Colocada horizontalmente, en detalles de diseño como los bolsillos.

cremallera convencional

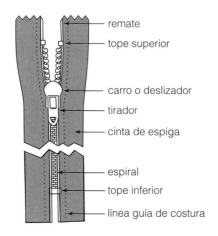

- remate
- tope superior
- carro o deslizador
- tirador
- cinta de espiga
- espiral
- tope inferior
- línea guía de costura

La **cremallera invisible** se parece a la convencional, pero los dientes se sustituyen por espirales de nailon que permiten ocultarla en la costura. Se cose utilizando un pie especial y se usa:

- Cuando la aplicación de cualquier otra cremallera estropearía el acabado idóneo de la prenda, como en el caso del género de punto mate, el terciopelo o el encaje.
- Para crear una línea de costura pulcra y continua.
- En las bocamangas ajustadas.

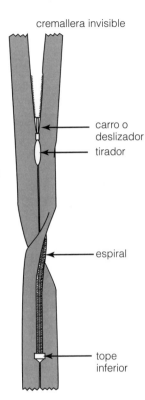

cremallera invisible

carro o deslizador

tirador

espiral

tope inferior

La **cremallera con separador** puede abrirse por ambos extremos y encontrarse con espirales ligeras o con dientes de alta resistencia. Se cose a la prenda como un elemento decorativo, dejando a la vista la cinta y los dientes, o bien se oculta bajo los pliegues de la costura. La cremallera con separador se presenta en varias longitudes y se utiliza:

- Cuando dos secciones de una prenda deben separarse por completo, como en el caso de una chaqueta, un abrigo o una parka.
- En capuchas de quita y pon.
- Para separar el forro de abrigos y chaquetas con forro de quita y pon.
- En monos y leggings para esquiar.
- Como detalle de diseño.

cremallera con separador

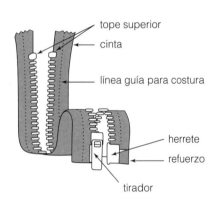

tope superior

cinta

línea guía para costura

herrete

refuerzo

tirador

Pies para coser cremalleras

Las máquinas de coser domésticas van equipadas con un **pie ajustable para coser cremalleras**. Este prensatelas consta de una sola patilla guía con muescas a ambos lados que disponen de una caña que se fija a una barra horizontal deslizante y ajustable, lo que permite acomodar la aguja y facilitar el montaje de la cremallera desde ambos lados (derecho e izquierdo), así como coser a poca distancia de los elementos en relieve.

El **prensatelas industrial de arrastre simple para cremalleras** tiene una base estrecha con dos patillas para acomodar la aguja, que permite coser cerca del canto prominente de los dientes o de las espirales de la cremallera. Se utiliza para coser cremalleras a tejidos de alto gramaje o para coserlas centradas, con pestaña o de braqueta.

El **prensatelas para cordoncillo** es un prensatelas de metal con una muesca lateral que permite coser cerca del canto prominente de los dientes o las espirales de las cremalleras. Algunos confeccionistas prefieren utilizar el prensatelas para cordoncillo en vez del prensatelas ajustable para cremalleras.

Preparación de la máquina con prensatelas para cremalleras

Para coser cualquier tipo de cremallera, insertaremos en la máquina el prensatelas para cremalleras, posicionándolo de manera que la aguja quede a uno de los lados (generalmente, el derecho) de la cremallera. En las máquinas industriales, utilizaremos el prensatelas industrial de arrastre simple para coser cremalleras.

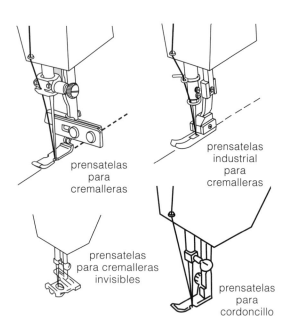

prensatelas para cremalleras

prensatelas industrial para cremalleras

prensatelas para cremalleras invisibles

prensatelas para cordoncillo

Tipos de montaje de cremalleras

Existen diversos métodos para montar una cremallera, dependiendo del lugar de la prenda donde deba coserse, del tipo de cremallera y de la clase de prenda.

Los montajes de cremallera más comunes son:

- **Cremallera cosida a mano**, que se utiliza con tejidos delicados y prendas de alta costura o en piezas a las que no se someterá a un uso intensivo o a lavados frecuentes.
- **Cremallera centrada**, que se aplica en las costuras centrales del delantero o de la espalda de escotes y cinturillas.

- **Cremallera con solapa o pestaña**, utilizada en escotes de vestidos y aberturas de faldas y pantalones situadas en la parte posterior de la prenda.
- **Cremallera de bragueta**, utilizada en pantalones.
- **Cremallera invisible**, oculta en la costura y que se cose siguiendo ciertas instrucciones y utilizando un prensatelas especial.

cremallera
centrada

cremallera
de bragueta

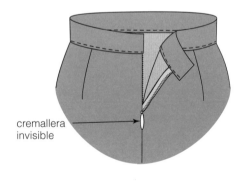

cremallera
invisible

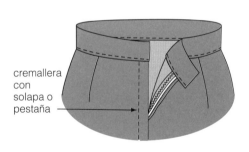

cremallera
con
solapa o
pestaña

Cremallera centrada

El tipo más común es la **cremallera centrada**. Se
inserta en las costuras centrales del delantero o de
la espalda, en escotes o cinturas. El pespunteado,
que se realiza a ambos lados de la cremallera y
a una distancia uniforme del centro, es visible en
ambas caras de la misma. La cremallera se fija sobre
la prenda mediante hilvanes que unen los márgenes
de costura de prenda y cremallera.

1 Pasaremos un hilván a lo largo de la línea
de costura de la abertura para la cremallera.
Abriremos y plancharemos el margen de
costura.

NOTA: Los patrones para coser en casa suelen dejar
un margen de costura para cremalleras de 16 mm,
mientras que los patrones industriales dejan un
margen de costura de entre 19 y 25 mm para el
montaje de la cremallera.

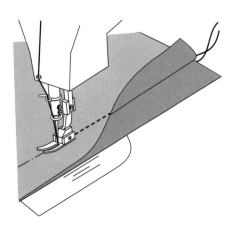

2 Abriremos la cremallera y encararemos
el derecho de la misma con el revés de
la prenda. Los dientes de la cremallera
deben alinearse con la hilera de hilvanes.
Sujetaremos la cremallera con alfileres.

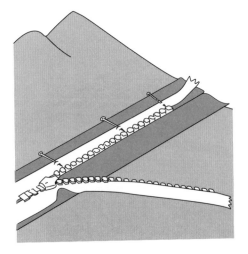

3   Partiendo del canto superior de la prenda, pasaremos un pespunte a una distancia de 9 mm de los dientes de la cremallera; seguiremos cosiendo hasta que hayamos sobrepasado el tope inferior de la misma.

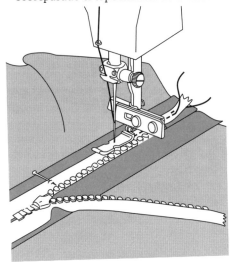

4   Con la aguja bajada, levantaremos el prensatelas y giraremos la prenda, tomando como pivote la aguja, para coser el extremo inferior de la cremallera. Hecho esto, cerraremos la cremallera.

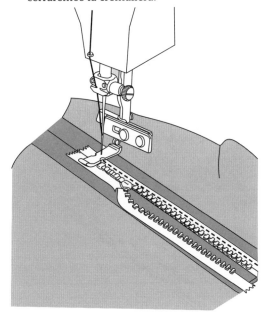

5   Bajaremos el prensatelas y coseremos el extremo inferior de la cremallera en sentido perpendicular a la misma.

6   Con la aguja bajada, volveremos a levantar el prensatelas y haremos pivotar la prenda. Coseremos el otro lado de la cremallera, pasando un pespunte a 9 mm de los dientes, hasta alcanzar el canto superior de la prenda.

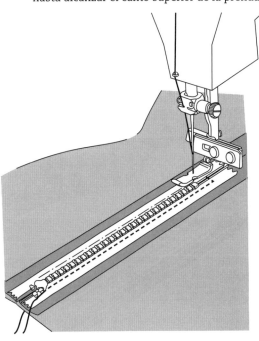

7   Quitaremos con cuidado los hilvanes y, acabado su montaje, plancharemos la zona de la cremallera.

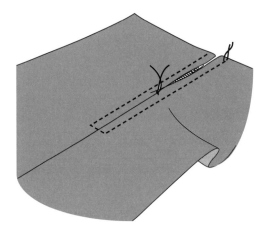

Cremallera con solapa o pestaña

La **cremallera con solapa** queda oculta bajo un pliegue del tejido; por el derecho de la prenda solo se aprecia una hilera de pespuntes. Este montaje resulta especialmente adecuado para colocar cremalleras en escotes de vestidos y aberturas traseras de faldas y pantalones.

1 Cerraremos la costura hasta la abertura de la cremallera mediante un pespunte a máquina.

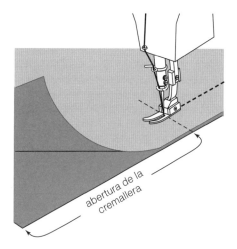

abertura de la cremallera

2 Abriremos y plancharemos el margen de costura que requiere la cremallera.

NOTA: Los patrones para coser en casa suelen dejar un margen de costura para cremalleras de 16 mm de anchura, mientras que los patrones industriales presentan un margen de costura de entre 19 y 25 mm de ancho.

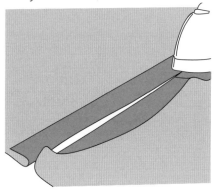

3 En el margen de costura del lado izquierdo, deslizaremos el tejido, prolongándolo entre 3 y 6 mm más allá de la línea de costura que hemos marcado con la plancha y sujetaremos con alfileres este nuevo margen de costura.

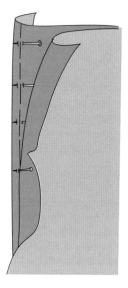

4 Con la cremallera cerrada y el derecho de la cremallera y del tejido hacia arriba, posicionaremos una de las cintas de la cremallera con el canto de los dientes cerca del doblez de la prolongación del margen de costura, y la fijaremos con alfileres.

NOTA: La cinta de la cremallera quedará encima del margen de costura de la prenda.

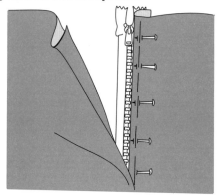

5 Utilizando un pie para coser cremalleras, y comenzando por el extremo inferior de la misma, pasaremos un pespunte cerca del canto doblado del margen de costura a lo largo de toda la cremallera.

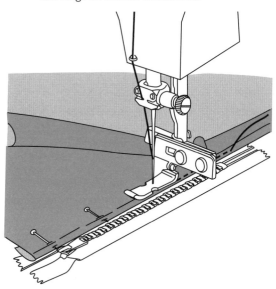

6 Con el derecho de la prenda hacia arriba, sujetaremos con alfileres el otro margen de costura a la cremallera cerrada, de manera que queden ocultos tanto la cremallera como el pespunte del paso anterior.

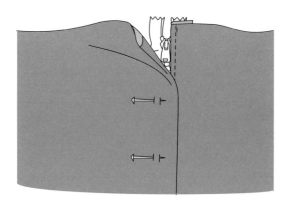

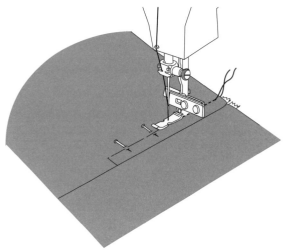

7 Pasaremos un pespunte, en paralelo al doblez del tejido y a 13 mm del mismo, que atraviese todas las capas de tejido y la cinta de la cremallera. Acabaremos este pespunte cosiendo la parte inferior de la cremallera en sentido transversal.

VARIANTE DEL PESPUNTE FINAL

Una variante para completar el pespunte final consiste en abrir la cremallera y, utilizando como guía una de las líneas marcadas en la placa de la aguja, coser desde el extremo superior de la cremallera hasta una distancia de 25 mm respecto al extremo inferior. Con la aguja abajo, levantaremos el prensatelas y cerraremos la cremallera. Bajaremos el prensatelas y seguiremos cosiendo hasta el final de la cremallera y en sentido perpendicular, a través del extremo inferior de la misma.

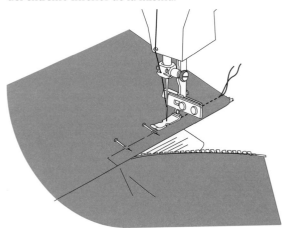

Falsa bragueta con cremallera

La **falsa bragueta con cremallera** es uno de los cierres frontales más utilizados en pantalones y algunos tipos de faldas. Es el método más sencillo para coser una cremallera en la bragueta.

Preparación de las piezas del patrón

Las piezas del patrón presentan una pestaña con forma (de unos 3,8 cm de anchura), que se prolonga a partir del margen de costura y en la que insertaremos la cremallera.

línea central de costura del delantero

3,8 cm desde la línea central de costura

delantero

pestaña de la bragueta

1 Cerraremos la costura del tiro hasta la abertura de la bragueta, es decir, hasta el extremo inferior de la pestaña de la bragueta. Haremos una muesca en la parte inferior de la pestaña de la bragueta.

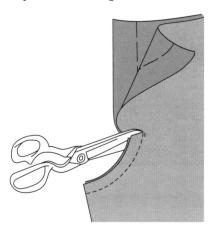

2 Abriremos y plancharemos la pestaña de la bragueta a lo largo de la línea central.

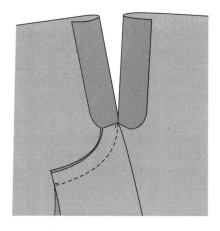

3 En la pestaña derecha de la bragueta, deslizaremos el tejido hacia fuera, prolongándolo entre 3 y 6 mm más allá de la línea central que hemos marcado con la plancha y a lo largo de toda la abertura de la cremallera.

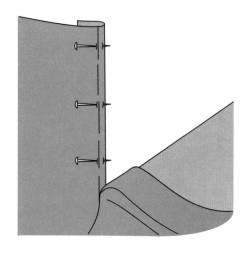

4 Con la cremallera cerrada y el derecho del tejido boca arriba, posicionaremos uno de los cantos de los dientes de la cremallera al lado del tejido y lo sujetaremos con alfileres. La cinta de la cremallera se extenderá hasta alcanzar el margen de costura del extremo superior de la prenda.

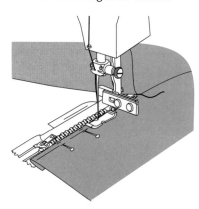

5 Utilizando un pie para coser cremalleras, partiendo del extremo inferior de la cremallera, pasaremos un pespunte cerca del canto doblado del margen de costura.

6 Con el derecho del tejido hacia arriba, sujetaremos con alfileres el otro margen de costura de la bragueta, ya doblado, sobre la cremallera cerrada, de manera que se oculten tanto esta como el pespunte anterior.

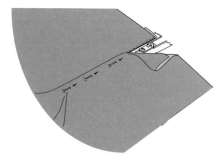

7 Volveremos la prenda del revés para dejar al descubierto la pestaña de la falsa bragueta y la cinta de la cremallera, aún sin coser. Coseremos la cinta de la cremallera a la pestaña de la bragueta, manteniendo el resto de la prenda alejado de la aguja para que el pespunte no la atraviese.

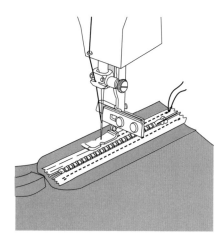

8 Volveremos la prenda del derecho. Pasaremos un pespunte en paralelo a 19 mm de distancia del pliegue de la bragueta que atraviese todas las hojas de tejido, dándole forma curva a medida que nos acercamos al extremo inferior de la cremallera.

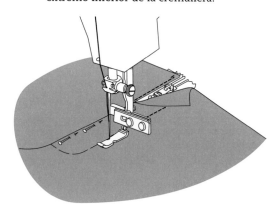

Bragueta con cremallera

La bragueta con cremallera es un elemento de sastrería que se emplea en las aberturas frontales de pantalones de vestir o vaqueros, tanto masculinos como femeninos..

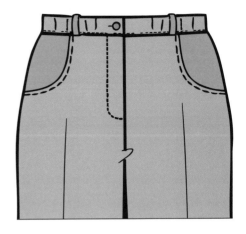

Preparación de las piezas del patrón

Prepararemos una vista independiente que tenga 3,8 cm de anchura (medidos a lomo) y una longitud igual a la de la cinta de la cremallera. Después prepararemos dos piezas para la tapeta, de 5 cm de anchura cada una y de una longitud igual a la de la cinta de la cremallera.

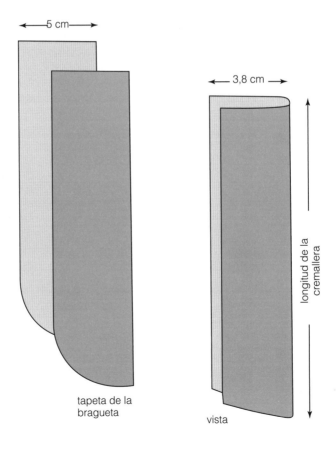

tapeta de la bragueta

vista

longitud de la cremallera

1 Cerraremos la costura del tiro hasta la abertura de la cremallera. Haremos una muesca al final del pespunte.

2 Doblaremos la vista por la mitad a lo largo (con el derecho del tejido hacia fuera) y la colocaremos sobre el derecho de la línea de costura del tiro del lado derecho.

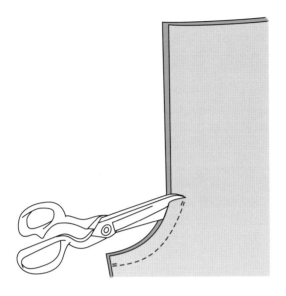

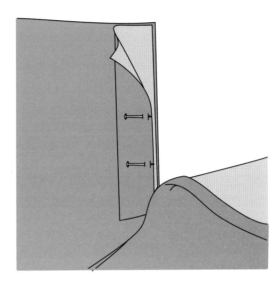

3 Coseremos la vista a la costura del tiro, dejando un margen de costura de 6 mm.

4 Giraremos la vista alejándola del pantalón y giraremos el margen de costura hacia la vista. Pasaremos un pespunte de carga a 3 mm de la línea de costura.

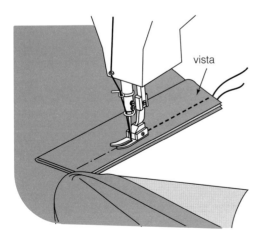

vista

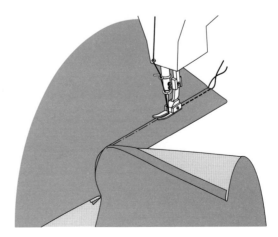

Cremallera con bragueta (continuación)

5 Prepararemos las piezas de la tapeta uniendo sus cantos curvos mediante un pespunte. Dejaremos un margen de costura de 6 mm.

6 Volveremos del derecho la tapeta y la plancharemos.

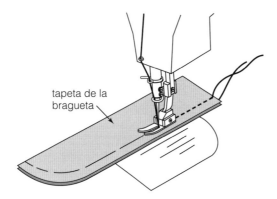

tapeta de la bragueta

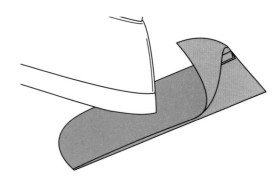

7 Manteniendo la cremallera con el revés boca arriba, la colocaremos entre la tapeta y el derecho de la costura de tiro. La fijaremos en su lugar con alfileres.

8 Utilizando el pie para coser cremalleras, pasaremos un pespunte a lo largo de la tapeta que atraviese todas las hojas de tejido y la cinta de la cremallera.

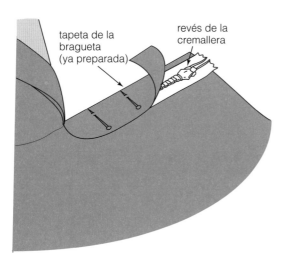

tapeta de la bragueta (ya preparada)

revés de la cremallera

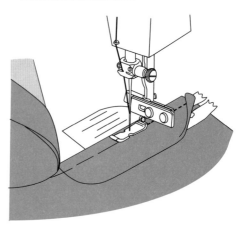

9 Colocaremos los pantalones boca arriba sobre la mesa de costura, con la cremallera cerrada y la tapeta alejada del pantalón. Perfilaremos el borde con un pespunte de carga sobre la costura de la cremallera.

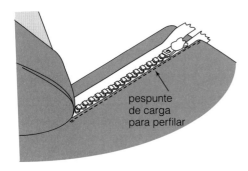

pespunte
de carga
para perfilar

10 Manteniendo la prenda en esta posición y con la cremallera cerrada, prenderemos con alfileres la otra costura de tiro (con la vista cosida debajo) a la cremallera, de modo que quede oculta.

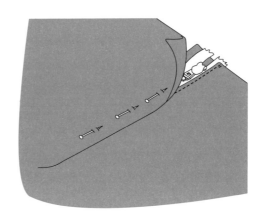

11 Volveremos los pantalones del revés. Echaremos la prenda hacia atrás para dejar al descubierto la vista y la cremallera. Coseremos la cinta de la cremallera a la vista, manteniendo el resto de la prenda y la tapeta alejados de esta zona para evitar que el pespunte los atraviese.

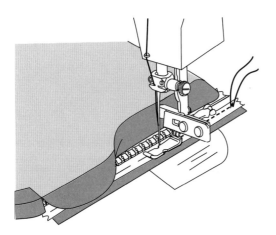

12 Volveremos la prenda del derecho. Mantendremos la bragueta alejada de la cremallera y los alfileres en su sitio. Pasaremos un pespunte a máquina paralelo a la costura y a una distancia de 19 mm de la misma, que atraviese todas las hojas de tejido, dándole forma curva a medida que nos aproximamos al extremo inferior de la abertura.

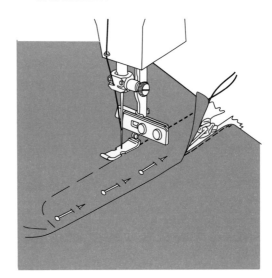

Cremallera invisible

La **cremallera invisible** sustituye a la cremallera convencional para mantener inalterado el aspecto de una costura simple (por ejemplo, en un vestido de noche) o cuando los pespuntes de la cremallera echarían a perder la línea de la prenda.

NOTA: Para coser una cremallera invisible hay que colocar un prensatelas especial en la máquina, que puede adquirirse en tiendas de máquinas de coser y mercerías.

NOTA: La cremallera invisible se cose antes de unir las dos piezas de tejido y antes de acabar o de rematar con una vista el canto superior de la prenda.

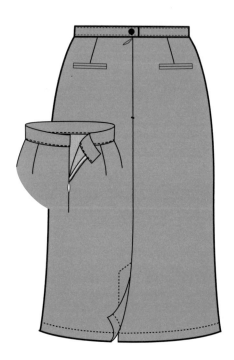

1   Plancharemos la cinta de la cremallera para que las espirales se alejen de la misma.

2   Abriremos la cremallera invisible y la colocaremos sobre la pieza izquierda de la prenda, por el derecho del tejido, con el revés de la cremallera hacia arriba. Los dientes de la cremallera deben situarse a lo largo de la línea de pespunte y la cinta hacia el canto exterior del margen de costura. Fijaremos la cremallera en su sitio mediante un hilván.

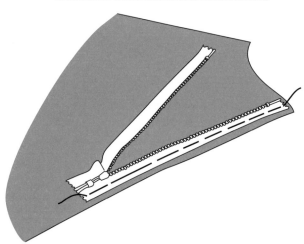

3   Colocaremos la ranura izquierda del prensatelas sobre las espirales de la cremallera. Apartaremos con cuidado la espiral de la cinta de la cremallera y coseremos poco a poco la cremallera al tejido, hasta que el pie de la máquina toque el tirador.

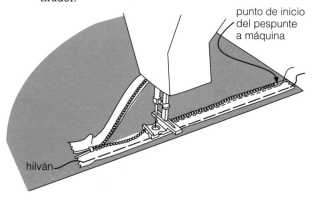

punto de inicio del pespunte a máquina

hilván

4 Cerraremos la cremallera y colocaremos una pieza de la prenda encima de la otra, encarando los derechos del tejido y haciendo coincidir las líneas de pespunte de la cremallera. Las fijaremos en su sitio mediante un hilván.

CONSEJO: para facilitar el posicionamiento de la cremallera, haremos marcas a lo largo de la cinta de la cremallera y del margen de costura.

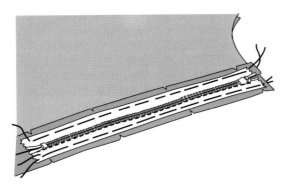

NOTA: Los dientes de la cremallera deben colocarse a lo largo de la línea de pespunteado y la cinta de la cremallera hacia el canto exterior del margen de costura.

5 Abriremos la costura y colocaremos la ranura derecha del prensatelas de la máquina sobre la espiral de la cremallera. Apartaremos la espiral de la cinta de la cremallera y coseremos poco a poco el segundo lado de la cremallera, finalizando el pespunte a la altura del tirador.

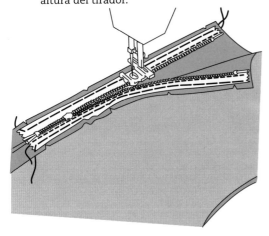

6 Cerraremos la cremallera. Deslizaremos el prensatelas especial hacia la izquierda, de manera que la aguja quede alineada con el canto del mismo. Si nos va mejor, en este momento podemos colocar en la máquina el prensatelas para coser cremalleras convencionales.

7 Alejaremos el extremo de la cremallera del área de costura. Cerraremos la costura de la prenda mediante un pespunte a lo largo de la línea de costura, partiendo del extremo inferior del pespunte de la cremallera y a lo largo del resto de la costura de la prenda.

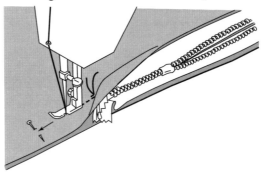

8 Abriremos y plancharemos el margen de costura. Coseremos los extremos de las cintas de la cremallera a los márgenes de costura.

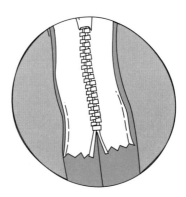

APÉNDICE

RECURSOS PARA MÁQUINAS DE COSER

Libros y DVD de referencia para remalladoras

Los siguientes libros proporcionan información adicional sobre máquinas remalladoras (*overlocks*):

Bednar, N. y Van der Kley, A., *Creative Serging: Innovative Applications to Get the Most from Your Serger*, Sterling, Nueva York y Londres, 2005.

Editores de Creative Publishing International y Singer, *The New Sewing with a Serger*, Creative Publishing International, Minnetonka, Minnesota, 1999.

Griffin, M.; Hastings, P.; Mercik, A. y Lee, L., *Serger Secrets: High Fashion Techniques for Creating Great-Looking Clothes*, Rodale Books, Emmaus, Pensilvania, 1998.

James, C., *Complete Serger Handbook*, Sterling, Nueva York, 1998.

Melot, G., *Ready, Set, Serge: Quick and Easy Projects You Can Make in Minutes*, Krause Publications, Cincinnati, Ohio, 2009.

Palmer, P. y Brown, G., *Sewing with Sergers: The Complete Handbook for Overlock Serging* (3ª edición), Palmer/Pletsch Publishing, Portland, Oregón, 2004.

Young, T., *ABCs of Serging: A Complete Guide to Serger Sewing Basics*, Chilton Book Co., Radnor, Pensilvania, 1992.

Estos DVD proporcionan información adicional sobre máquinas remalladoras (*overlocks*):

Alto, M. y Palmer, P., *Creative Serging*, Palmer/Pletsch, Inc, Portland, Oregón, 2004.

Alto, M. y Palmer, P., *Serger Basics*, Palmer/Pletsch, Inc, Portland, Oregón, 2004.

Gabel, M.J., *Serge and Sew with Mary Joe*, DVD instructivo, Gabel Enterprises, Nipomo, California.

Pullen, M.C. y McMakin, K., *Heirloom Sewing by Serger*, Martha Pullen, Brownsboro, Alabama, 2007.

Van der Kley, A., *Basic Overlocking*, 1800 Sew Help Me, Tasmania, Australia, 2005.

Fabricantes de máquinas de coser y remalladoras

Las siguientes compañías fabrican una amplia gama de modelos de máquinas de coser y remalladoras, equipadas con muchas y diversas funciones y disponibles en diversos precios.

Alfa
Av. Otaola n.º 13
20600 Eibar, Guipúzcoa
Tel. 943 820 300
Fax 943 701 458
info@grupoalfa.com

Bernina
91 Goswell Road
Londres EC1V 7EX
Reino Unido
www.bernina.com

Brother Sewing Machines Europe GmbH UK
Shepley Street, Audenshaw
Manchester M34 5JD
Reino Unido
www.brothersewing.eu

Elna
Elna Centre
Southside, Stockport
Cheshire SK6 2SP
Reino Unido
www.elna.co.uk

Husqvarna Viking
VSM (UK) LTD
Ravensbank House
Ravensbank Drive, Redditch
Worcestershire B98 9NA
Reino Unido
new.husqvarnaviking.com

Janome
Janome Centre
Southside, Stockport
Cheshire SK6 2SP
Reino Unido
www.janome.com

Pfaff Sewing Machines
VSM (UK) LTD
Ravensbank House
Ravensbank Drive, Redditch
Worcestershire B98 9NA
Reino Unido
www.pfaff.com

Singer
Bogod & Company Ltd
91 Goswell Road
Londres EC1V 7EX
Reino Unido
www.singerco.co.uk

Fabricantes de máquinas industriales

Visite su establecimiento de máquinas de coser más próximo para ver los siguientes modelos:

Alfa	Mauser-Spezial
Bernina	Pegasus
Bieffe	Pfaff
Brandless	Seiko
Brother	Singer
Durkopf-Adler	Toyota
Global	Tysew
Juki	Union Special

GLOSARIO

Abertura: corte montado o pulido que se utiliza en los bajos de las americanas tipo sastre, en faldas y en bocamangas.

Acabado: proceso que consiste en dar a los cantos de las costuras, vistas, bajos, escotes y otras partes de la prenda un aspecto de confección profesional.

Acabado personalizado: ajuste, detalles y confección únicos. Suele referirse al diseño y confección que se realiza para un cliente específico.

Acabado pulido: cualquier método (como el pespunte en zigzag, el remallado o el dobladillado) utilizado para rematar los cantos sin pulir de las piezas de una prenda, como bajos y vistas e interior de costuras.

Acolchado: labor de costura formada por dos hojas de tejido cosidas entre sí con guata intercalada. Los pespuntes del acolchado pueden realizarse a mano o a máquina, siguiendo un patrón en forma de rombos o de volutas.

Adorno: estilos variados de galón, encaje… que se utilizan como detalles decorativos en la prenda.

Afelpado: superficie fibrosa que se obtiene cepillando las fibras del tejido durante el proceso de acabado. Para los tejidos afelpados debe utilizarse una marcada unidireccional en la que la parte superior de todas las piezas del patrón esté en la misma dirección.

Aguja de bordar: también llamada *aguja de pasar* o *aguja estambrera*, es una aguja de longitud media con ojo oval que se utiliza para bordar o coser con varios hilos enhebrados a la vez.

Aguja de punta fina: aguja de uso universal, de longitud media, con ojo pequeño y redondo. Se presenta en tamaños del 1 al 12.

Aguja de sombrerero: aguja larga de ojo pequeño y redondo que se utiliza para pasar hilvanes.

Alfileres para seda: alfileres finos de longitud media, resistentes a la oxidación, cuyo diámetro disminuye hasta formar una punta muy fina y afilada. Los alfileres para seda dejan marcas menos evidentes en el tejido.

Alforza: pliegue cosido cuyo pespunte suele discurrir en línea recta y en paralelo al pliegue. Las alforzas proporcionan un tipo de holgura de líneas suaves.

Alforzas ciegas: sucesión de alforzas cosidas para que la línea de pliegue de una coincida con la línea de pespunteado de la siguiente por el revés de la prenda.

Almidonado: acabado que confiere cuerpo y apresto al tejido.

Almohadilla de sastre: cojín firme con forma de jamón que se utiliza para planchar ciertas partes de la prenda y darles forma. Una de sus mitades está cubierta con tela de algodón, para planchar tejidos en general, y la otra con paño suave de lana, para planchar tejidos de lana sin generar brillos en la superficie de los mismos.

Aplicación: adorno, diseño o motivo de pequeño tamaño que se cose al tejido principal o a la prenda.

Artículos de mercería: pequeños artículos necesarios para confeccionar una prenda, como hilo, agujas, alfileres, botones y cremalleras.

Atacado: zigzag de puntadas cortas y perpendiculares que se utiliza para reforzar los extremos de los ojales, el final de la abertura de la bragueta y las zonas de pantalones, vaqueros, petos y ropa de trabajo sometidas a tensión.

Beta para cinturillas o grosgrén: cinta estrecha y rígida, realizada con material tejido resistente, que se presenta en anchuras y gramajes variados. Se utiliza como entretela y como refuerzo para cinturilla y cinturones forrados de tela.

Bies: línea que discurre en diagonal respecto al recto hilo del tejido, formando con este un ángulo de 45°. El tejido cortado al bies tiene más elasticidad que el tejido cortado al hilo.

Bolsillo: elemento de diseño cosido por el derecho de la prenda o inserto en una costura o abertura. Puede utilizarse con fines decorativos o funcionales.

Bragueta: tipo de cierre que oculta las aberturas para cremalleras o botones en pantalones largos y cortos.

Broche automático a presión: formado por dos placas de metal machihembradas, se emplea para mantener en su lugar ciertas partes de la prenda.

Canesú: parte superior de una blusa, pantalón o falda, cuya forma se amolda al cuerpo.

Canilla: pequeña bobina redonda cuyo hilo se engarza con el hilo superior de la máquina al coser.

Canto de la costura: borde recortado del margen de costura que suele denominarse *canto sin pulir*.

Canto sin pulir: canto cortado de las piezas de una prenda.

Casar o alinear: hacer coincidir los piquetes u otras marcas de ensamblaje.

Ceder: dar de sí un tejido sometido a estiramiento antes de romperse o rasgarse.

Centro del delantero/de la espalda: línea del patrón o de la prenda que indica la posición del centro vertical.

Cierre por contacto (Velcro): sistema de cierre que consiste en dos tiras de tejido con pequeños ganchos en una de ellas y una superficie lanosa en la otra, que quedan trabadas al juntarlas y ejercer presión sobre ellas. Este cierre suele conocerse por su nombre comercial, Velcro.

Cinta al bies: cinta cortada al bies, sencilla o doble, uno de cuyos orillos se cose al canto de la prenda a modo de pulido o adorno.

Cinta al bies doble: se utiliza para rematar y reforzar un canto sin pulir. La cinta al bies doble va doblada de modo que envuelve el canto sin pulir, resultando visible tanto por el derecho como por el revés de la prenda.

Cinta de espiga: cinta resistente y de poca anchura, fabricada con algodón de ligamento sarga y remate de orillo, que se utiliza para confeccionar el interior de la prenda, generalmente para reforzarla e impedir que se deforme por estiramiento.

Cinturilla o pretina: acabado para la cintura de una prenda. Las cinturillas se confeccionan mediante una tira de tejido doblada sobre sí misma o con una pieza contorneada que se confecciona separadamente.

Cinta métrica: cinta estrecha y tupida marcada con unidades de medida (por regla general, del sistema métrico por una cara y del sistema anglosajón por la otra). Las cintas métricas más prácticas y fiables son las reversibles, con sus extremos rematados por topes de metal, resistentes al estiramiento y al encogimiento.

Contrahilo o través: hilos que atraviesan el tejido, dispuestos en sentido perpendicular a los orillos del mismo.

Copa de la manga: porción superior con forma curva de una manga montada.

Cordón: cuerda de fibras suaves de algodón u otras fibras, que se utiliza para rematar y enjaretar prendas.

Cordoncillo para ojales: hilo semejante a un cordón fino que se utiliza para contornear y pulir los ojales hechos a mano.

Corte: corte recto (de mayor longitud que una muesca) que se hace en una prenda para practicar una abertura en la misma.

Corte al bies: proceso que consiste en cortar el tejido al bies.

Corte en zigzag: consiste en cortar el canto del tejido de una costura con tijeras dentadas para evitar que se deshilache. También puede utilizarse como elemento decorativo en tejidos como el fieltro.

Costura: dos o más cantos de un tejido unidos mediante pespuntes y puntos diversos. Las costuras deben estar bien confeccionadas y resultar adecuadas para el tejido y la prenda en cuestión, en función de su ubicación en la misma.

Costura cargada: costura simple con ambos márgenes de costura planchados hacia un lado y fijados mediante un sobrepespunte.

Costura ciega: margen de costura que discurre a lo largo de un canto con vista, que se cose y se vuelve del otro lado para formar una costura que queda encerrada entre dos hojas de tejido.

Costura direccional: se realiza en el sentido del hilo del tejido para evitar que se estire y se deforme. Puede ser una costura provisional o permanente.

Costura inglesa: también llamada *costura tejana*, esta costura presenta dos pespuntes. Una de las piezas se dobla hacia adentro y se cose encima de la primera pieza para conferir un aspecto acabado en ambas caras del tejido.

Costura de tiro: parte de los pantalones donde se encuentran las perneras que da lugar a una costura curva.

Cremallera: sistema de cierre compuesto de dientes de metal o espirales sintéticas que se engranan para cerrar completamente una prenda.

Crinolina: tejido de algodón basto y rígido de muy alto gramaje. Se utiliza para conferir rigidez a las enaguas, dar cuerpo a los cinturones contorneados y confeccionar la tira superior de las cortinas.

Cuello: tira de tejido o pieza de tejido doblada sobre sí misma que se cose al escote de camisas, blusas y vestidos.

Descosedor: pequeño instrumento de corte que se utiliza para deshacer costuras. Especialmente diseñado con una hoja cortante y un extremo afilado que le permite deslizarse bajo los hilos del pespunte.

Descoser: deshacer costuras.

Deshilachado: hilos sueltos que se desprenden del borde cortado de un tejido de calada. Los cantos de los tejidos que se deshilachan con facilidad tienen que pulirse.

Disminuir: cortar el exceso de tejido o recogerlo mediante una costura de manera que se vaya estrechando y disminuyendo hasta llegar al final de costura.

Dobladillo: canto inferior de una prenda que se remata para evitar que el canto sin pulir se deshilache o se rasgue.

Emballenado: armado de costuras y cantos de prendas ajustadas (como los vestidos sin tirantes) mediante ballenas estrechas y flexibles o cintas rígidas de nailon, para evitar que se deslicen.

Encoger: relajar las fibras del tejido, generalmente lavándolo en seco, antes de confeccionar la prenda. El preencogido previene encogimientos futuros.

Encogimiento residual: pequeño porcentaje de encogimiento (por regla general, un 5 %) presente en el tejido o la prenda ya acabados. El encogimiento residual se produce de manera progresiva cada vez que se lava la prenda.

Enrollar: manipular el tejido, generalmente a lo largo de la línea de costura, para llevar la costura más allá del canto de la prenda y hacia el revés de la misma.

Ensamblaje: método de confección en el que cada pieza se cose y se plancha por separado antes de montar la prenda y añadirle mangas y cuellos. De este modo, se reduce la manipulación de las diversas piezas de la prenda, que mantienen un aspecto pulcro a lo largo del proceso, y se ahorra tiempo.

Entreforro: tejido que se corta con la misma forma que el tejido exterior y que se utiliza en abrigos y chaquetas para darles calidez. El entreforro se confecciona por separado y se cose entre el tejido exterior y el forro.

Entretela: tejido que se coloca entre el tejido exterior y el forro de la prenda, y cuya función es dar cuerpo, reforzar y mantener su forma.

Envivado de costuras (acabado Hong Kong): proceso que consiste en utilizar una tira estrecha de tejido al bies para pulir los cantos de una costura o de un dobladillo.

Escudete: pequeña pieza de tejido que se encaja en un corte o una costura para dar anchura y holgura adicionales a la prenda. A menudo se inserta en la zona de la axila para conferir holgura a la manga.

Esquina sesgada: costura esquinera en diagonal que se forma en escotes o dobladillos.

Estabilizador: tira de tejido que se coloca en el revés de la pieza principal del patrón a modo de refuerzo para ojales, bolsillos y pespuntes decorativos en zigzag.

Festoneado: remate de costuras que se realiza a mano, con punto de festón o a máquina, con pespunte en zigzag.

Fieltro: tejido aglomerado realizado con fibras abatanadas de lana, pelo o mohair, a menudo mezcladas con algodón o rayón. Para formar una masa sólida se aplica calor, humedad y presión sobre las fibras.

Final de pinza: extremo más ancho de la pinza, situado entre los lados de esta.

Fornitura: término que se utiliza para designar los artículos de mercería necesarios para la confección de una prenda, como entretelas, cremalleras, botones e hilo.

Forro: tejido ligero que se utiliza para el acabado del interior de una prenda. El forro confiere a la prenda un acabado profesional, le ayuda a retener la forma del tejido exterior y le añade calidez.

Forro de refuerzo: forro de tejido de calidad que se corta con el mismo patrón que el tejido exterior y se cose a la prenda por las mismas costuras que esta. Se utiliza para dar forma y conferir cuerpo a la prenda. También existen refuerzos para dobladillos, consistentes en tiras de muselina cortadas al bies.

Fruncir: recoger el recorrido del tejido sobre la línea de costura en las zonas donde se quiera añadir volumen. En ocasiones el tejido se trabaja formando varias hileras de frunces.

Gancho de lengüeta: instrumento fino de metal, de unos 25 cm de longitud, provisto de un gancho y una lengüeta en uno de sus extremos. Sirve para volver del derecho los canutillos al bies.

Glasilla: prenda básica de prueba, realizada con tejido de muselina, que sirve de ayuda en los procesos de diseño y ajuste final de la prenda.

Guía para costuras: guía situada en la placa de la aguja de la máquina, que presenta unas líneas claramente grabadas y que se utiliza para medir anchos de costura.

Hilo: hebras finas de fibra sometidas a un proceso de torcido que se utilizan para coser.

Hilo y contrahílo: términos de confección que hacen referencia a los hilos de un tejido, dispuestos en sentido vertical y horizontal, respectivamente.

Hilván (o basta): serie de puntadas largas que se utilizan para unir dos piezas de tejido de manera provisional. Los hilvanes pueden hacerse a mano o a máquina y sus extremos no se rematan con pespunte inverso. Antes de quitar las puntadas, el hilo se corta a intervalos de varios centímetros.

Hilván de sastre: bastas cortas y provisionales que se realizan a mano con doble hilo y luego se cortan. Se utilizan para transferir a la prenda los aplomos del patrón.

Hilvanado con alfileres: uso de alfileres para unir piezas de tejido. Los alfileres pueden retirarse con facilidad a medida que se va cosiendo el tejido. Deben utilizarse suficientes alfileres para que las hojas del tejido no se deslicen.

Hilvanar o embastar: unir dos secciones de una prenda mediante puntadas flojas provisionales.

Hoja: cada una de las capas de tejido cuando se coloca para proceder al corte.

Holgura: recorrido adicional que se añade a las medidas del patrón para añadir comodidad a la prenda y facilitar el movimiento del cuerpo.

Jaboncillo: trozo de tiza de unos 4 cm^2 de superficie, con cantos biselados, que se utiliza para marcar líneas provisionales en el dobladillo de las prendas y otros puntos de ajuste.

Jareta: canto doblado sobre sí mismo o tira que se aplica sobre el tejido, creando un conducto por el que puede pasarse una cinta (normal o elástica) o un cordón, que fruncirán la prenda al tirar de ellos.

Lados de la pinza: líneas de pespunteado situadas a ambos lados de la pinza.

Línea de ajuste: línea doble que aparece impresa sobre un patrón para indicar dónde podemos ajustarlo o alargarlo.

Línea de corte: línea gruesa, continua y larga impresa sobre el patrón que indica por dónde debe cortarse el mismo.

Línea de costura: línea del patrón que marca por dónde debe discurrir el pespunte de la costura, generalmente a 16 mm del canto sin pulir, en la confección doméstica, y a 13 o 6 mm en los patrones industriales.

Línea de pliegue: línea creada al doblar y planchar el tejido.

Línea del dobladillo: línea de diseño que marca el lugar por donde tiene que doblarse el dobladillo hacia el revés de la prenda, o rematarse con una vista.

Línea trapecio o evasé: forma de la silueta de un vestido o falda sencillos, ajustados en su parte superior y acampanados en el bajo, que recuerda a un trapecio.

Líneas de estilo: cualquier línea de costura a excepción de las costuras de hombro, sisa o costuras laterales. Las líneas de estilo suelen discurrir entre dos puntos de la prenda, como en el caso de un canesú, que discurre entre ambas costuras laterales, o de un costadillo al hombro, que va desde el hombro hasta la cintura.

Lona: material de algodón o de otras fibras, resistente y de alto gramaje, hecho con fibras bastas y alta torsión. Se utiliza como tejido utilitario y para entretelar delanteros y otras partes de los abrigos.

Lorzas: alforzas muy estrechas con pespunte de carga. Suelen tener una anchura de 3 mm y una longitud de 27 mm.

Manga japonesa: manga enteriza que se corta en la misma pieza que el delantero o la espalda del cuerpo del quimono y que se cose a partir del hombro y a lo largo de la manga.

Manga montada: manga con copa relativamente alta que adopta la forma del brazo. Las mangas montadas se cortan por separado y se cosen al cuerpo por la sisa después de coser la costura de hombro y la costura lateral.

Mano: percepción al tacto de un tejido en términos de flexibilidad, lisura y suavidad.

Marcada multidireccional: disposición de los patrones sobre el tejido indicada para tejidos sin pelo, en la que los patrones pueden capicularse, es decir, disponerse en ambos sentidos del hilo.

Marcada unidireccional: disposición de los patrones sobre el tejido indicada para tejidos de pelo o afelpados, en los que todas las piezas del patrón deben situarse en un único sentido del hilo.

Marcas del patrón: también llamadas *aplomos*, estos símbolos indican la posición de pinzas, ojales, piquetes, botones y pliegues, y aparecen impresos en los patrones para servir como guía en el armado de la prenda. Los aplomos se transfieren al tejido utilizando jaboncillo, piquetes, tiza, hilvanes, ruedas de marcar o papel de calco para modistería.

Margen de costura: tejido destinado a unir entre sí las diferentes secciones de una prenda o de otro artículo.

Margen del dobladillo: prolongación del canto inferior de faldas, vestidos, blusas, mangas y pantalones, que se dobla hacia adentro y se cose mediante el punto para dobladillos más indicado.

Materiales textiles: Todos los materiales cuyo origen son las fibras textiles o que se emplean para confeccionar prendas y otros productos textiles. Los tejidos se fabrican tanto con fibras naturales como sintéticas.

Mercerizado: hilo, hilatura o tejido de algodón que se ha sometido a un acabado con sosa cáustica para reforzar las fibras, conferirles lustre y hacerlas más receptivas al tinte.

Mezcla: hilo compuesto de dos o más fibras, combinadas antes de hilarlas conjuntamente para formar una única hilatura.

Modificar: realizar cambios en el patrón o en la prenda para que se amolde al cuerpo según las medidas y proporciones del mismo.

Montar: doblar o prolongar una de las piezas de la prenda de modo que se superponga a otra.

Muesca: pequeño corte que se da en el margen de costura hasta casi alcanzar la línea de pespunteado. Se utiliza en costuras curvas para liberar la tensión del tejido y hacer que la costura quede plana al volver la prenda del derecho, como en el caso de los escotes o de las costuras esquinadas en cuellos, vistas y escotes.

Muescas alternas: serie de cortes pequeños y rectos que se practican en los márgenes de costura para aplanarlos.

Muselina: tejido sencillo y barato de algodón que puede estar hecho de hilos teñidos o sin teñir.

No tejido: tejido con refuerzo de tricot o con una capa inferior ligera, sellada mediante adhesivos para conferir más cuerpo al tejido y reforzarlo.

Ojal: abertura para el botón, pulida a mano o a máquina.

Orillo: banda estrecha de trama tupida que discurre a lo largo de los cantos del tejido a modo de remate.

Pelo: textura del tejido que sobresale de su superficie, conseguida entretejiendo hilos adicionales que forman bucles y dan lugar a una superficie tupida.

Perfilar con un pespunte: puntada a máquina por el derecho del tejido que discurre a lo largo de un canto pulido.

Pespunte de carga: procedimiento que consiste en doblar la totalidad del margen de costura hacia el lado de la vista o hacia el revés de la prenda y pasar un pespunte por el derecho de la vista cerca del canto de la costura. Esto hace que la costura quede plana y evita que el canto de la costura asome por el derecho de la prenda.

Pespunte de refuerzo: pespunte regular a máquina que se aplica sobre la línea de pespunteado antes de coser la prenda; sirve para reforzar los cantos de la prenda y evitar que se deformen durante el montaje de la misma.

Pespunte en zanja: técnica que consiste en coser un pespunte recto por el derecho de la prenda que no resulte evidente. Para ello se pasa el pespunte por el surco de otra costura realizada previamente. Este método se utiliza para acabar cinturillas, puños, cuellos y remates con cinta al bies.

Pespunte en zigzag: pespunte de puntadas regulares que toman la forma de un zigzag; todas las puntadas tienen la misma amplitud y discurren en línea recta.

Pespunte inverso: pespunte a máquina que se utiliza para coser hacia delante y hacia atrás al inicio y al final de una costura, con la finalidad de reforzarla.

Pespunte para fruncir: pespunte a máquina de puntada larga que se utiliza para recoger el recorrido de un tejido sobre una línea de pespunteado.

Pespunte: costura permanente hecha a máquina. La longitud de las puntadas debe ajustarse en función del tejido.

Pie de botón: prolongación en la cara inferior del botón hecha de hilo, plástico o metal, que permite mantener el botón por encima del tejido y del ojal.

Pie de cuello: parte del cuello que va desde la línea de pliegue hasta el escote.

Pie para coser dobladillos: accesorio que ofrecen la mayoría de las máquinas de coser y que permite confeccionar dobladillos.

Pie prensatelas: accesorio de la máquina de coser que evita que el tejido se mueva mientras la aguja está cosiendo. Para la mayoría de las costuras se utiliza el prensatelas universal.

Pieza de tejido: unidad que usan los fabricantes para empaquetar el tejido y venderlo a las tiendas.

Pinza: pinzamiento del tejido sobrante que parte de una anchura concreta y disminuye hasta desaparecer en uno o ambos extremos. Se utiliza para moldear la prenda sobre las curvas del cuerpo.

Pinza abierta: pinza parcialmente cosida que libera holgura en su tramo final.

Pinza de busto: permite que la prenda se amolde a la zona del busto. Suele comenzar en el hombro o en la costura lateral y finaliza a 5 cm del punto del busto.

Pinza francesa: pinza en diagonal que comienza en cualquier punto situado entre la línea de la cadera y 5 cm por encima de la cintura y que disminuye hacia el punto del busto.

Pinzas de falda o pantalón: pinzas que se utilizan para recoger el recorrido de faldas o pantalones a la altura de la cinturilla y ajustarlo a la medida de la cintura. Las pinzas del delantero suelen ser más cortas que las de la espalda.

Piquete: muesca recta o en V que se realiza en el canto de las piezas del patrón para indicar que las costuras deben coincidir pero no tienen que ir cosidas.

Pivotar: girar sobre una costura en esquina, dejando la aguja abajo (atravesando el tejido), levantando el prensatelas y girando el tejido en otra dirección.

Placa de la aguja: pieza plana de metal situada en la base de la máquina de coser, justo debajo del prensatelas. Presenta un pequeño agujero por el que pasa la aguja para trabar el hilo de la canilla a medida que se cose. Esta placa también presenta líneas guía que resultan de ayuda a la hora de coser pespuntes rectos.

Planchado a presión: uso de una plancha, seca o con vapor, para aplanar piezas y costuras de la prenda durante la confección de la misma. El planchado a presión se realiza levantando la plancha y volviendo a colocarla sobre la prenda, por contraposición al planchado normal, en el que la plancha se desliza hacia delante y hacia atrás.

Planchado con dedos: proceso en el que se utilizan los dedos, a menudo acompañados de vapor, para planchar una costura que no debe abrirse y plancharse con la plancha, como la costura de la copa de manga.

Planchado: proceso para alisar y estabilizar un tejido mediante una plancha caliente.

Planchamangas: pequeña tabla de planchar hecha de madera y forrada de algodón tratado con silicona o de lona, que se utiliza para planchar costuras y mangas.

Pliegue: doblez del tejido, a menudo parcialmente pespunteado, que se usa para amoldar la prenda al cuerpo, controlar la holgura y como elemento de diseño.

Prenda de refuerzo: prenda interior realizada en tejido de refuerzo, más pesado, y ajustada a la forma del cuerpo, que permite mantener en su sitio una prenda sin tirantes.

Prensatelas para cremalleras: prensatelas con una sola patilla y muescas a ambos lados que permiten acomodar la aguja y facilitan el pespunteado cerca de cantos con relieve, como es el caso de las cremalleras y de los remates con cordón. Se puede utilizar para coser cremalleras por ambos lados, derecho e izquierdo.

Prensatelas para ojales: accesorio de las máquinas de coser comerciales que permite hacer y pulir ojales de varios tamaños.

Presilla: bucle realizado con canutillo de tela al bies, hilo o cordón, y que realiza las funciones de un ojal. Las presillas suelen prolongarse más allá del canto de la prenda.

Presión: la ejerce el prensatelas sobre el tejido durante el proceso de cosido y que puede ajustarse en función del tejido.

Pulido o remate de costura: acabado que se aplica al canto del margen de costura para evitar que el tejido se deshilache.

Punto de calada: labor de bordado abierto que se utiliza como detalle decorativo entre dos cantos rematados con dobladillo.

Punto de dobladillo (punto picado): punto atrás de puntadas cortas y resistentes que se utiliza para coser cremalleras a mano. También se le llama *punto picado a mano.*

Punto de escapulario: también llamado *crucetilla*, es un punto manual de puntadas cortas que se dan, alternativamente, a derecha e izquierda, pasando la aguja por ambas hojas del tejido y formando una hilera tupida de puntadas cruzadas. Se utiliza en la confección de dobladillos.

Punto de fontura simple: género de punto que se genera con un único juego de agujas y una hilatura continua formando mallas en sentido transversal.

Punto de tricot: tejido de punto que se crea formando mallas en sentido longitudinal.

Punto decorativo: bordado realizado a mano o a máquina que se utiliza para crear detalles de diseño.

Punto del busto: punto más prominente del busto.

Punto escondido: punto invisible hecho a mano que se utiliza para rematar dobladillos y vistas o para unir los cantos de una abertura. En el caso de los dobladillos y vistas, se da una puntada a la hoja de tejido inferior y después se desliza la aguja en el pliegue del canto opuesto.

Punto invisible: punto realizado a mano, de puntadas pequeñas, que se utiliza para hacer dobladillos. En cada puntada, la aguja se desliza a través de un pliegue del tejido, quedando el hilo oculto.

Puño: acabado de las bocamangas o del canto inferior de los pantalones, formado por una tira suelta cosida al tejido o por una banda formada al doblar el tejido sobre sí mismo.

Rebajado de costuras: proceso consistente en recortar los márgenes de una costura con diferentes anchuras para eliminar grosor y permitir que la costura quede plana.

Recortar: cortar el tejido sobrante para estrechar los márgenes después de confeccionar la costura. Al cortar se reduce el grosor formado por las diversas hojas de tejido y se elimina el tejido sobrante en las esquinas antes de volver la prenda del derecho.

Recto hilo o hilo: hilo del tejido que corre en sentido vertical. En los patrones para confección, el sentido del hilo aparece indicado mediante una línea o un canto rectos. Al colocar las piezas del patrón de papel sobre el tejido, la línea o flecha que indican el sentido del hilo deben correr paralelas al orillo del tejido.

Recto hilo: hilo del tejido dispuesto en sentido longitudinal y en paralelo a los orillos.

Reforzar: fortalecer una zona de la prenda que se verá sometida a tensión. La zona puede reforzarse mediante un pespunte de refuerzo o una pieza de tejido de refuerzo que se fija a la prenda mediante un pespunte adicional.

Refuerzo de copa: trozos adicionales de beta o de guata de algodón que se insertan en la parte superior de la sisa para crear una línea uniforme y mantener la curvatura de la copa de manga.

Refuerzo: pequeña pieza de tejido o de cinta adicional que se cose a una zona determinada de la prenda para reforzarla y fijarla en su lugar. Se utiliza en los extremos de los cortes y en las cinturillas.

Repartir la holgura: distribuir uniformemente el volumen sobrante, sin crear frunces ni alforzas, al unir una costura con otra de menor longitud. Se utiliza para dar forma a mangas montadas, costadillos y otras partes de la prenda.

Repulgo: pespunte vertical de puntadas cortas, situadas a una distancia de 3 mm, que se realiza sobre el canto de una costura.

Reversible: prenda que, gracias a su acabado, puede llevarse del derecho o del revés.

Ribeteado de costuras: pulido del canto de un dobladillo mediante una cinta de tejido estrecha y de poco gramaje. También se utiliza como refuerzo de cinturillas y costuras.

Ribeteado: acabado decorativo de los cantos sin pulir, que utiliza tiras finas de encaje o cenefas bordadas. Se aplica en costuras, dobladillos y escotes.

Ruleta de marcar: instrumento provisto en su base de una rueda dentada con dientes acabados en punta que se utiliza para transferir marcas del patrón al tejido o al papel para patrones.

Sastrería: proceso que consisten en cortar, adaptar y coser una prenda que se amolde al cuerpo, empleando para ello pinzas, tapetas, bolsillos, forros, dobladillos y planchado a presión.

Sisa: abertura de la prenda por la que pasa el brazo y en la que se coloca la manga.

Sobrepespunte o carga: hilera o hileras de pespuntes a máquina que se hacen por el derecho de la prenda, atravesando todas las hojas de la misma. Se pasa cerca de una línea de costura, como elemento decorativo, o bien a 6 mm de un canto.

Solapa vuelta o tipo chal: solapa sin cuello que se utiliza en abrigos, chaquetas, blusas y partes de arriba de los vestidos.

Solapa: abertura frontal que va desde el punto de quiebre de la prenda hasta el cuello vuelto de la espalda.

Tapeta: tira visible de tejido que monta sobre otra pieza y que va cosida sobre la abertura de una prenda.

Tejido aglomerado: tejido como la entretela o el fieltro, formado por fibras abatanadas y cohesionadas mediante presión, calor y sustancias químicas.

Tejido elástico: tejido fabricado con hilos texturizados de construcción especial que permiten que el tejido se estire cuando se tira de él y que recupere su forma original cuando se suelta. Las fibras elásticas añaden comodidad a la prenda, retienen la forma de la misma y proporcionan resistencia al arrugamiento. Suelen utilizarse en ropa vaquera y gabardinas de trama tupida.

Tensión: relación entre el hilo de la aguja y el de la canilla que incide en cómo se entrecruzan para formar el pespunte a máquina, creando puntadas más flojas o más tensas.

Tijera de sastre: instrumento de corte con hojas de una longitud mínima de 15 cm y un ojo más grande que otro. Es más larga que la tijera de modista.

Torzal: hilo grueso de seda o fibras naturales que se utiliza para pulir ojales a mano y para otras labores de sastrería.

Trama: hilos dispuestos en sentido transversal en la estructura del tejido.

Unir: en las instrucciones de un patrón significa que las piezas deben unirse mediante un pespunte de puntadas regulares, dejando un margen de costura normal.

Urdimbre: hilos resistentes dispuestos en sentido longitudinal en la estructura del tejido.

Vaciar: recortar los márgenes de las costuras ciegas según anchuras variables para reducir el grosor de las mismas.

Vértice de la pinza: punto de fuga de la pinza en su extremo más estrecho.

Vista del cuello: parte superior y exterior del cuello, visible en la prenda acabada.

Vista: hoja de tejido duplicada que se cose al canto sin pulir de una prenda con el propósito de rematarlo. La vista queda aplanada contra el revés de la prenda.

Vivo: tira estrecha de tejido doblada al bies que se utiliza para rematar prendas.

Vuelta del cuello: canto de la solapa superior que se dobla hacia atrás para formar una solapa vuelta.

Wash-and-wear (lavar y poner): término que describe diferentes acabados aplicados a los tejidos. Las prendas confeccionadas con estos tejidos requieren un planchado suave (o ningún tipo de planchado) después del lavado.

ÍNDICE ALFABÉTICO

Los números de página en cursiva hacen referencia a ilustraciones.